How to make a happy closet

The Closet Map

「いつでもおしゃれ」を実現できる

幸せなクローゼットの育て方

Monami Wako
ミランダかあちゃん/輪湖もなみ

Discover

prologue

「センスのよい大人の女性」と「おばさん」の分岐点とは？

歳をとるごとにますます素敵になっていく女性、あなたの周りにいませんか？

それは、顔にシワがなく、時計の針が止まったように若い頃と外見が変わらない、といった類の魅力ではありません。さりげない「ふだん着」を着ているように見えるのに、なぜだか「自分のスタイル」を持っているように感じられ、清潔感と余裕があり、満ち足りたオーラを感じるような女性です。

歳を重ねるごとに魅力的な女性は、年齢相応の年輪を感じさせることはあっても、それがマイナスに見えないものです。

その秘密、知りたいですよね。

そもそも素敵な女性と、そうでない女性は、どこが違うのでしょう。
私はこんなふうに考えています。ビュッフェ形式の朝食で、食べたことのないお料理も、何もかもすべてお皿に盛れるだけてんこ盛りにし、結局食べきれない女性と、いつも自分の好みの料理だけを適量美しく皿に盛り、きれいに美味しく完食している女性。後者のほうがずっと素敵に見える、と。

自分をよく知っていて、
必要なものだけをしぼり込んで適量持つ。
スタイルを持つとは、そういうことなのかもしれません。

人生100年と考えると、40歳は二度目の成人式。
女性にとって二度目の人生の始まりです。若い頃のように、どんな服でも無造作に着て似合ってしまう時代は過ぎ、その代わり知恵と工夫次第で、生まれつき容姿に恵まれた人より素敵になれる、下克上の時代がやってきました。

これまでと同じ服に執着するか、すべてをあきらめおしゃれを放棄してしまうか。それとも頭を切り替えて、今の自分にふさわしい服にしぼり込み、輝き出すか。ここが「洗練された大人の女性」になれるかなれないかの分岐点です。

とはいえ、「おしゃれにはずっと自信がなかったし、若い頃より太ってしまった私が、今さらおしゃれになるなんて」と思うかもしれません。

けれども、おしゃれな人が、必ずしも昔から容姿やスタイルに恵まれていたとは限りません。むしろコンプレックスがたくさんあっても、長い間自分を研究し、長所を目立たせ、美しく見える工夫を積み重ねてきた人は、多少太ろうと、体型が変わろうと、いつもおしゃれでいられるのです。

そして実は、おしゃれに自信がない人ほど、自分のルールがないまま、服を買っては捨てる、を繰り返していることが多いかもしれません。

かつての私もそうでした。

私はファッション業界で16年仕事をしてきました。若い頃は、自分を良く見せよう、他人と張り合おうとした結果、どんどんクローゼットに服があふれていき、お金がなくなるとともに、自信も失っていったのでした。その後、出産を経て自分のファッションを見直し、道に迷いながら、自分のスタイルを確立するに至ったのです。（くわしくは chapter 0でお話しします）

ですから、今この本を手に取っていただいたあなたにお伝えしたいことがあります。

まずはいったん、服を買いに行くのをやめてください。

服を断捨離してはまた買って……を繰り返している方、今までの服が急に似合わなくなり何を着ていいかわからなくなってしまった方、トレンドの服を買っていいのか、今ひとつ自分のファッションに自信が持てずにいる方。みなさんに必要なのは、おしゃれなインスタグラムでも雑誌のおすすめでもありません。

世の中にあふれかえる服や情報の中から、
自分にとって、それが本当に必要なのかどうかを見極める力です。

自分の容姿、体型、ライフスタイル、好み、そして自分の持っているすべての洋服と、じっくりと向き合ってください。

そして、この本に書かれている法則を使って、今のあなたにふさわしく、あなたが幸せになれる服だけにしぼり込みます。

さらに、必要のない服がクローゼットに忍び込まないよう、ルールを作ってしまうのです。

そうすれば、二度と服の迷子になることはありません。

服の迷いがなくなると、自分の考え方や生き方、そして人生までもが劇的に変わります。必要な服とそうでない服を見極められるようになったことで、表情、しぐさ、言葉に自信があふれ、本来の魅力にスポットライトが当たったように輝き出すからです。私は、年齢に関わらず、そんなふうに存在感を増し、素敵になっていく女性を何百人も見てきました。

美魔女のように奇跡の若さを保たなくても、突然ほっこりナチュラル系おばさんにならなくても、自分の「体型」や「持ち味」を生かして、大人の個性を輝かせることはできる。

この本はそんな「スタイルのある大人の女性」になるために、クローゼットをじっくりと育てていく方法を書いた本です。

しょっちゅう服を捨てずに済む、大好きな服だけがすっきりとおさまったクローゼットを一度でも体験すると、一枚一枚の服が愛おしくてたまらない感覚を覚えます。そして、そのような服を毎日身につけることで、人生はこれまで以上に輝いていくでしょう。

２０１６年９月から書いているブログ「ミランダかあちゃんのスタイルレシピ」(https://sty04.com) は、たくさんの方に読まれるブログとなり、２０１８年現在では月間２００万ＰＶのアクセスをいただいています。ふつうの中年女性である私が、誰にでも無理なくできる、自分に合った服の選び方やクローゼットの作り方をお伝えしているのですが、実際、読者のみなさまから、

「毎朝憂鬱だった服選びの時間が、がぜん楽しくなった」

「クローゼット整理後、どんな服を合わせても、おしゃれに見えるようになった」
などといった嬉しい声をいただいております。

クローゼットに詰まっている服をすべて点検し、整理し直すのは、少し大変な作業かもしれません。

でも、それを何度か繰り返し、クローゼットルールが明快になった今は、私の衣替えはたった30分で終わるようになりました。

無駄な買い物が減り、本当にいい買い物をした、と心から満足できるお金の使い方ができるようになりましたし、何より自分のクローゼットが大好きになり、流行がどうあろうと、自分のスタイルはこれだというものがはっきりしました。

一度やってコツをつかめば、服を買っては後悔するという繰り返しがなくなりますので、長い目で見れば時短にもなります。

いつかやらなくてはいけないと思っているなら、それは今です。

「不幸な断捨離」から抜け出し、自分のスタイルを作り上げたい方、ご一緒に幸せなクローゼットを作ってまいりましょう。

Contents

［目次］

Chapter

0

なぜクローゼットはパンパンなのに、毎朝着る服がないの？

Chapter

1

「いつでもおしゃれ」を実現できる「クローゼットマップの法則」

Contents

Chapter 2 重力に逆らう「美シルエットの法則」

Contents

Chapter

3

誰でも色使いの達人になれる「3/4色法則」

Chapter

4

大人にふさわしい着こなしバランスのコツ

Chapter

0

なぜクローゼットは
パンパンなのに、
毎朝着る服が
ないの？

「服を買えばおしゃれになれる」と思っていたら、最後に着る服もお金もなくなった

さて、なぜ私がクローゼットを育て、自分のスタイルを考え抜くにいたったかについて、少しお話しさせてください。高校時代にバスケットボール部だった私は、女子校で男子の目がない気楽さから、いつも制服の下にジャージを着込んで通学していました。私服もスヌーピーのTシャツとジャージ。その後大学に入学し、さすがに「これではまずい！」と、雑誌「ＪＪ」を隅々まで読み、マークの入った高いポロシャツを着て、オシャレなつもりの女子大生になったのです。

ところが、縁あってファッション業界に就職した私は、驚きました。

世の中に、こんなにもおしゃれでセンスのいい人たちがいたとは！

同期や1、2年先輩の彼女らは、実家が都内の老舗店だったり、小学校から都心の

ブランド校だったり。高校生から六本木や乃木坂で遊んでいたという彼女たちは、いかにも無造作に服を選んでいるように見えて、何もかもが洗練されていました。

「おしゃれって、生まれつきだったのね！」

マークが入った服を着ていればおしゃれだと思っていた私は、すっかり打ちひしがれたのでした。

それからというもの、私は毎日彼女たちを穴のあくほど観察し、着ている服のブランドをこそこそとチェックしました。知ったかぶりをしながら話の内容に聞き耳をたて、彼女たちがよく行く店を大慌てでチェックしたりもしました。自宅通勤なのをいいことに、お給料のほとんどを服につぎ込み、次から次へと最新トレンドの服を買い漁ったのです。バーバリーのコート、エルメスのバッグ。社員販売では買った服をダンボールで自宅に送らなければならないほど買い込みました。そうして彼女たちに、

「あ、今日のセーター、アライアね」

などと言われると、嬉しくて舞い上がり、認めてもらえた気がしたのです。

この頃の私にとって、おしゃれは人と競うもの、人より優越感を持つためのものでした。

人に負けないことが目的だったため、同じ服はほとんど着ません。

実家で捨てたアストラカンのコートは、母が拾って犬の布団になっていました。

20代後半になっても貯金はゼロ。お昼ごはんを食べるお金がなくても服を買い続け、しまいには「全財産が入った財布を落とした」などと、親にウソをついてお金を借り、ふみ倒したこともあったほど。**買っても買ってもキリがありませんでした。**

ちょうど責任のある仕事を任せてもらえたこともあり、大学デビューの田舎者とバカにされたくない、身の丈以上に見せたいというおしゃれは際限なく続きました。


そんな私の考えが180度変わったのは、30代半ばに産休で仕事を休んでいたときです。出産を経て必死でダイエットし、ようやく思い通りの服が着られる体型になったと思ったのに、どこにも行くところがありません。

人に見られる場所がないから、服を着ていく場所もない。

あの、クローゼットからあふれかえった服は、いったい何のため？

会社は当然のことながら、私が不在でも普通に回り、自分の存在意義を失いました。

ゲームのキャラクターを集めればバージョンアップするように、服を買えば自分がバージョンアップできると思うのは、少しも豊かなことではないし、そんな自分は本当にかっこ悪い。そのとき、ようやく目が覚めた気がしました。

「とにかく新しい服を買えば、おしゃれになれる」

そう考えている方がいらっしゃるかもしれません。

また、モデルのように恵まれたスタイルや若さを持っていないことを嘆いていたり、過去の私のように、人の目が気になってしかたがない方や、服の値段やセンスを人と比べて勝ち負けを考えたり、引け目を感じてしまう方もいるかもしれません。

おしゃれな人と同じ服を手に入れても、人より高い服を買っても、雑誌で紹介されている流行の服を買っても、おしゃれにはなれません。

なぜなら、自分の体型、自分の持ち味は、自分だけのもの。

自分を本当に素敵に見せてくれるのは、
自分にふさわしい服だけだからです。

そしてそれを考えられるのは、あなたしかいません。

ファッション業界のベテランは、安易に服を買わない、増やさない「決まったスタイル」を貫いている

がつがつ服を買っては捨てるようなおしゃれしかできない自分。そのかっこ悪さを思い知った「産休ショック」の後、私は服の海の中でおぼれかかっている自分を変えたいと思い、今度はものすごい勢いで「断捨離」に走りました。

大量の服を捨て、服が散乱した部屋に決別しようと決めたのです。

ところが今度は、何を基準に服を買っていいのかわからなくなりました。やみくもに流行の服を買っても、前と同じ失敗を繰り返すだけです。

私はすっかり嫌気がさし、30代後半に会社を退職してからは、もとのスヌーピーとジャージに戻りました。そんなおしゃれの暗黒時代を10年ほど過ごした後、ようやく子育ても一段落、もう一度おしゃれをしてみたくなったのです。

そんなとき、私は最も身近なお手本を思い出しました。ファッション業界で働いていたときの、ベテランのデザイナー、パタンナー、MD、プレスの先輩たちです。当時キャリアウーマンの先駆けであった先輩たちは、まぶしいほど美しかった。化粧っ気のないきれいな素肌に赤リップだけをぐいっとひいて、毎日白衣のようなコットンのロングコートを着ているパタンナーの女性。きっちりとした黒髪のボブヘアに、黒いタートルネックのセーターしか着ないデザイナーの女性。いつも大きなサングラスを頭にのせ、ひざ丈のタイトスカートに9㎝ヒールを合わせて軽やかに歩くプレスの女性。ファッション雑誌からそのまま抜け出したようでした。

そんなにもおしゃれなのに、彼女たちはあまり服を買いません。

私がファッション業界で働いていた当時、「社販」といって社内のブランドの服を安く買える機会がありました。当然みな嬉々として出かけていき大量の服を買いまくるのですが、ベテランの彼女たちは安いからといって、社販で服を買いません。**それどころか、自分たちは毎年新しいトレンドの服を世の中に送り出していく立場なのに、**

自分ではそのトレンド服すらあまり買わないのです。

シーズン初めの展示会で、バイヤーの前に立つときだけは、全身自社ブランドを着ていましたが、それ以外で目立つ流行りのデザインを着ていたり、毎日違う服を着ている姿を見たことがありません。

いつもの服を、いつものようにたんたんと着こなしているだけなのに、それぞれが個性的なオーラを放っている彼女たち。どうやったらそんな境地にたどり着けるようになるのか、当時の私には皆目見当がつきませんでした。

私の知っている先輩がたまたまそうだったということではありません。

ファッション界の大御所、コム・デ・ギャルソンの川久保玲氏は、いつも「黒髪、黒いサングラス、黒いライダースジャケット」というスタイル。またデザイナーの菊池武夫氏は、いつも「帽子とメガネ」というスタイルをくずしません。

いつも自分の型が決まっていて、その他を潔く削ぎ落とす。

この姿勢は、おしゃれを突き詰めた人たちがたどり着く、究極のスタイルなのだと思います。

つまり、私たち大人の女性が目指すのは、このスタイルなのです。

おしゃれの達人のクローゼットは、小さな店のように美しい

前述の先輩方はときどき、着なくなった服を気前よくゆずってくれることがあり、何人かの家にお邪魔したことがあります。

彼女たちのクローゼットは、一言で言って「店」のようでした。

あるベテランのプレス担当の女性の家には、ステンレスのそっけない大きな棚が、扉もつけずに壁に取り付けられていて、その中に、白から黒へと順番に、ゆったりと服が並べられていました。そして白シャツなら白シャツ、黒のセーターなら黒のセーターと、同じアイテムが5～10枚と並んでいるのです。

また何人かの先輩は、着なくなった服を安価で人にゆずるために、ときどき自宅や友人の店を借りて「週末ショップ」を開いていました。

さほど広くないスペースに、ハンガーラックを数本とトルソー（縫製用の人体の形をしたマネキン）を数体並べ、そこに不要な服をかけて置いてあるだけなのですが、まるで小さなセレクトショップのように調和がとれていて、美しいのです。

色、形、デザイン、すべてにおいて一貫性があるように見え、とても中古の服を並べているとは思えません。絵の具が飛び散ったみたいに色も形もてんでんばらばら、秩序のない私の当時のクローゼットとはまるで別物でした。

私が目指すスタイルのあるおしゃれは、きっとあの小さな店のようなクローゼットが作り出すにちがいない。

今日から自分の家のクローゼットをお店だと思って、お店のルールを当てはめてみよう。

そうすれば、いつもちょうどいい量の服が整然と並んだクローゼットになるはず！

そう思って試行錯誤の末にたどり着いたのが、この本でご紹介する法則です。

私のクローゼットは、この法則を実行して以降、一度も服があふれかえったり、買ったまま忘れた服があるといったことは起きていません。

ファッション業界のコツを おいしいとこどり 「大人女性のためのおしゃれ3法則」

実はお店に並んでいる服が見やすく美しいのには、いくつもの理由があります。

お客様が見やすく、迷わず、買いやすくするために、お店の中は細かなルールで成り立っているのです。

たとえば、ユニクロの定番「メリノウールセーター」のMサイズの黒を買いに行ったとします。もしもメリノウールセーターが、売り場のあちこちに点々と置かれていたら、ものすごく探しにくいですよね。

誰が見てもメリノウールセーターの売り場だとわかるよう、同じ種類の服がかたまりになり、色別、サイズ別に整然と並べてあるからこそ、膨大な商品の中からお目当てのセーターを見つけることができるわけです。

つまり、お店では、「見やすさ、わかりやすさ」と「美しさ」が両立しています。

華やかにウィンドウディスプレイするからお店が美しいわけではありません。

前述の憧れの先輩方は、長年の習慣から、無意識にそうしたお店のルールを自分のクローゼットに当てはめていたのです。


このようなファッション業界のルールや常識はたくさんあります。

ただ、それは大勢の人に服を売るために使われるのであって、残念ながら私たち消費者一人ひとりがおしゃれになるために生かされることはありません。だったら、

「専門知識のある一部のセンスのいい業界人だけが知っているコツ」を、

「私たちのクローゼットやコーディネートを素敵にするコツ」に
変換してしまおう！


そう私は考えました。

具体的には、私が考案したオリジナルメソッド**「大人女性のためのおしゃれ３法則」**を使います。

Chapter１「いつでもおしゃれ」を実現できる「クローゼットマップの法則」では、ベイシックで快適で自分らしい服と、幸せな気分になる服だけにしぼり込む方法についてお伝えします。この法則を実行した後は、時間のない朝も、適当に服を合わせるだけでコーディネートが決まります。心地良く、合わせるのに無理のない服にしぼり切っていきます。

Chapter２　重力に逆らう「美シルエットの法則」では、大人女性に合う美シルエットを作る方法を、具体的なコーディネートとともにお伝えします。悩み多き大人女性の体型を、スタイル良くすっきりと見せる法則です。

Chapter３　誰でも色使いの達人になれる「３／４色法則」では、色彩の知識やプロのアドバイスがなくても、色使いの達人になれる方法をお伝えします。

Chapter４では、**「大人にふさわしい着こなしバランスのコツ」**をお伝えします。

そして、この本で紹介しているのは、すべて私のリアルな手持ち服です。

では、さっそくスタートです。

The Closet Map

Chapter

1

「いつでもおしゃれ」を実現できる「クローゼットマップの法則」

「私ってセンスない」と落ち込む人のクローゼット4つの特徴

「毎日着る服がない」と嘆く方のクローゼットは、次の4タイプに分けられます。

1 「メインおかずオンリー」の「ベイシック欠乏症」タイプ

雑誌やネットで素敵な服を見つけては買い、「今年はこれがトレンドだ」とブログを読んでは買い……と、たくさんの服を持っているのに、「毎朝着る服がない」と嘆いている方は、このタイプでは？　**特徴のあるデザインもののトップスから買う傾向があり、ごく普通のベイシックな色や形の服をあまり持っていません。**ご飯と味噌汁がなく、ステーキと餃子とおでん、メインのおかずばかりが並んでいる食卓に似ています。**自分の選択軸がないために、服のイメージがころころ変わる傾向があります。**

2

「イタい」と言われるのが怖い「科捜研の女」タイプ

とにかく地味な服ばかりをつい選んでしまい、ドラマ『科捜研の女』の法医学者榊マリコのように、実用本位で華がないファッションをしがちならこのタイプ。**持っている服は白、黒、グレーなど。ポリシーがあるわけではなく「何にでも合わせやすいから」という理由で、毎回服を買っていませんか？**

①とは逆の「ベイシック過多」のタイプです。

本当は華やかな色や特徴のあるデザインの服も着てみたいのに、「イタい」と言われるのが怖くて手を出せないことも。パーソナルカラー診断の先生に「あなたに似合う色はこれ」と言われて、「この色しか着ちゃダメなんだ！」とかたくなに思い込んでしまっている方も、このタイプです。

3

「お出かけ着」しか気を使わない「シンデレラ」タイプ

「もしも今度同窓会があったら」「もしもママ友ランチに呼ばれたら」と、月に1回、1年に1回あるかないかの機会のためにばかり服を買ってしまうなら、このタイプ。

子どもと公園に行ったり、自転車で送り迎えをすることが多いのに、体のラインが出るワンピースばかり持っていたり、きちんとした格好の人が多い職場なのに、手持ち服がカジュアルなニットやパンツばかりだったり。**ごく普通の日常を充実させるための「ふだん着（デイリークローズ）」が足りていないパターンです。**

テレビなどの「変身ビフォーアフター」企画で、素敵になった女性がすぐにもとに戻ってしまうのは、その服が生活に根付かないから。9㎝ヒールで一時的に脚長さんに変身できても、実はヒールが苦手だったら、デイリークローズとして定着しません。

たまにしかないハレの日のお出かけ着よりも、日々のデイリークローズこそ、現実のライフスタイルを支える相棒なのです。

4

賞味期限切れ「焼肉のタレ」タイプ

冬物と夏物がごちゃまぜ。なんとなく服をしまっているから、つねに着たい服を探すためにクローゼットの隅から隅まで服をかき分けなくてはならず、それでついつい、いつも手前にある同じ服を手に取り、ワンパターンなコーディネートにうんざりしながら出かけます。

ある日衣替えをしたとき、クローゼットの中からタグがついたままの服が出てきて、「こんな服持っていたかしら？」とがく然とする方は、このタイプ。

いつも使いかけの焼肉のタレの存在を忘れて、新しいタレを買っているため、**冷蔵庫の奥のほうには、とっくに賞味期限の切れた焼肉のタレがたまる……。そんな現象と似ています。**

いつも即座に合わせられる服、本当にときめく服だけがそろった、大人のクローゼットルール

私はミニマリストではありませんが、ベストセラー『人生がときめく片づけの魔法』（近藤麻理恵、サンマーク出版）を読んで、ものを大切にするマインドや「ときめくかときめかないか」で捨てるものを判断するという考えに、とても感銘を受けました。

好きでもない服に囲まれた生活が、幸せなはずはありません。

この名著にひとつ付け加えるとするならば、「ときめく服」を選ぶためにはルールが必要です。もしときめくものだけを残した結果、ヒョウ柄とシマシマの服だけが残ってしまったらどうでしょう？　毎日着る服に困りますよね。

私がこれからあなたにお伝えしたいのは、自分らしくて、自分の体型や生活に合う「ベイシックな服」と「本当にときめく服」だけに囲まれて幸せになれるクローゼットを作るために、自分なりの軸のあるおしゃれを貫くルールを決める方法です。

❖軸のあるおしゃれを貫く2人のセレブリティ

ここで、2人のおしゃれな人の具体例をご紹介しましょう。

ひとり目は、デザイナーであり「J．Crew」のクリエイティブディレクター兼CEOだったジェナ・ライオンズ。マニッシュで、個性的な色や素材合わせがお得意の、おしゃれの達人です。その多彩なスタイリングは、一見、膨大な量の服を着こなしているように見えますが、次のページのスナップ写真をよく観察すると、彼女のワードローブの約7割が、

- テーラードジャケット
- 細身パンツ
- デニム

で構成されていることがわかります。

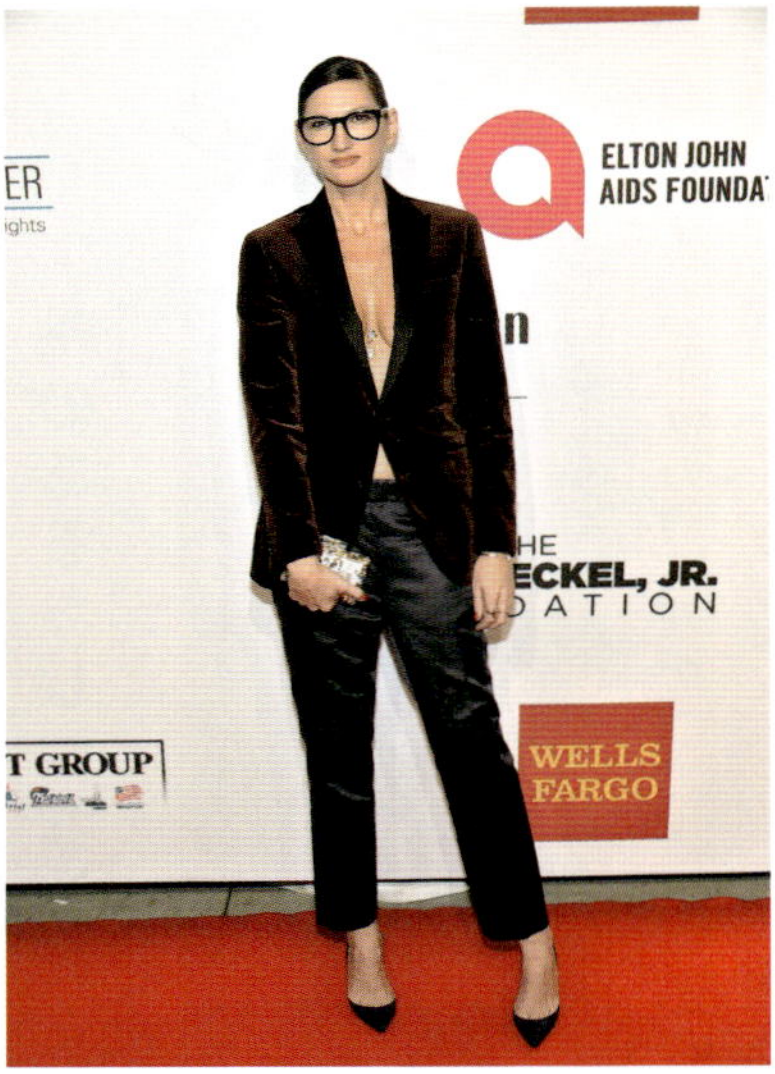

テーラードジャケットに深いVゾーンのインナーを合わせる。
きれいめなトップスに足首出しのパンツやデニム。

ジェナ・ライオンズのスナップを分析。
・テーラードジャケット
・細身パンツ
・細身柄パンツ
が圧倒的に多い。

彼女は同じテーラードジャケットでも、素材や色を変えたり、アクセサリーやバッグを変えたりすることで、無数のバリエーションをつけています。

また、ジャケットの下にはいつも、胸元がV字型に大きく開いたインナーを着る、足首は必ず見せる、ウエスト位置をはっきり見せるなど、着こなし方にも明快なルールを持っています。

彼女は身長180㎝の長身で肩幅も広く、西洋人には珍しい塩顔です。ゴージャスでグラマーな女性が大好きな、西洋的な女性美像からは大きくかけ離れています。

しかし、彼女はそんな型に自分をはめることなどせず、自分の身長と長い手足を十二分に活かしたスタイリングをし、ファッションアイコンとして個性的な存在であり続けています。

2人目はサッカー選手デビッド・ベッカムの妻、ビクトリア・ベッカム。ファッションデザイナーであり、女優であり、実業家でもあります。

次のページの写真を見ればわかりますが、彼女はいつも服や小物の色数をしぼっていて、柄物もあまり着ません。装飾的なデザインや目立つアクセサリーもなく、シン

装飾的なデザインを避け、色数をおさえたシンプルでクリーンな着こなし。

プルでスッキリとしたスタイルを貫いていて、それがかえって彼女の女性らしさを引き立てています。

2人とも、トレンドなんてどこ吹く風。同じファッショニスタでも、何でも着こなすモデル出身のセレブスナップの常連とは一味違う、「軸のあるおしゃれ」なのです。

❖「何を着るか」よりも「何を着ないか」

私たち大人世代は、若い頃に比べ、体型が変化し、どんな型の服（とくにボトムス）でも似合うというわけにはいきません。

でも、モデルさんでない限り、いろいろな型の服を無理に着る必要もないのです。

どんなときでも一番大切なのは、自分の長所と個性です。

色が白い、手足が長い、やわらかな印象で女性らしいなど。

長所が最も際立ち、着ていて気分のいい服だけにしぼり込み、余分なものは思い切って削ぎ落とす。

「何を着るか」と同じくらい「何を着ないか」も重要です。

そうした「自分だけ」のクローゼットのルールを作るためには、一度手持ちの服をすべて点検し、整理し直す必要があります。

そのためのガイドとなるのが「クローゼットマップの法則」です。

❖「クローゼットマップの法則」とは？

私が考案した「クローゼットマップの法則」は、

- スタイルを美しく見せ、快適に過ごせるベイシック服と
- 幸せな気分で過ごせるときめく服だけが
- いつもちょうどいい枚数で美しくおさまっていて
- ぱぱっと出すだけで迷わずコーディネートできる

こんなクローゼットを作り上げるための本棚の枠組みのようなもの。服を分類し、収納するルールです。

❖クローゼットマップは「組分け→整列→授業」で作り育てる

あなたのクローゼットの中には、何枚服が入っていますか？

今までこの質問に答えられた方は一人もいません（笑）。でも、どんな服が、どのくらいの枚数入っているかもわからないクローゼットの服を、十分に活用することが

できるでしょうか？

ところで、学生だった頃、新学期にはクラス替えや席替えがありましたね。クラス名簿が作られて、どの組にはどんな子が何人いて、どの席に座るかも決められ、突然知らない子が自分の席に座っている、なんていうことはなかったはずです。

クローゼットマップを作る手順は、**バラバラに遊んでいる一学年全員を、クラス別に整列させ席決めをするように、すべての服を組ごとに分けて整然と並んでいる状態にすること**をイメージしてください。整列させたら、そのクラスで円滑に授業が進められるように、まとめあげ、育てていかなければなりません。つまり、大きく分けて、クローゼットマップの法則は、次の3つの流れで進みます。

❶ 組分け（服を定員に合わせて、6つの組に分ける）
❷ 整列させる（服を組ごとに目印をつけてわかりやすく収納する）
❸ 育てる（クローゼットの服の問題を定期的にチェックし、全体のまとまりがなくならないようにする）

では、さっそく、❶の服の「組分け」から始めましょう。

クローゼットマップの法則

1

「組分け」手持ちの服を点検し６つの組に分ける

❖服を６つに組分けする

まずはあなたの服をクラス分けします。一学年を文系で3つの組に、理系で3つの組に分けるように、服を**「ベイシックエリア」１、２、３組、「バリエーションエリア」４、５、６組の計６つ**に分けます。

大量の服をただ漠然とながめて「さあ今日は何を着ようか？」と考えるより、あらかじめ組み合わせがしやすい組（グループ）を作っておくほうが、日々のコーディネートを考えるのがずっと楽になるからです。

大手アパレルでは、ひとつのブランドで、ワンシーズンに数百種類もの商品を作りますが、その商品はいくつかのグループに分けて企画されます。数百枚の服を、すべて組み合わせられるように作るのは難しいので、たとえば30～40代キャリア女性向けのブランドであれば、このグループは仕事に着ていけるデイリーウエア、このグループは休日に少しリラックスした感じで着られるカジュアルミックス、といったテーマを設けます。そしてテーマごとのグループの中で、コーディネートを考えて商品を作っているのです。売り場でもグループごとに服がひとかたまりになっています。

個人のクローゼットでも同じことができます。これが「クローゼットマップ」の枠組みです。

❖ クローゼットの服の「定員」を決める

クラスに定員があるように、クローゼットの中の服も定員を決めます。お店では、フロア面積に応じて、置ける服の枚数が決まっています。また「このジャケットは3月第1週からゴールデンウィーク前まで」というように、商品ごとに販売期間も決まっているのが普通で、それが過ぎて売れ残ると、いったん倉庫やストックに下げて、また次の新しい商品をお店に出します。だから、いつも一定の量の服がお店に並んでいるのです。

1本のハンガーラックにかけられる服の枚数もだいたい決まっています。ハンガーから服を取り出そうとしたとき、ぎゅうぎゅうで取り出しづらいと買う気が失せますよね。

服が肩をこちら側に向けてハンガーにかかっている状態で、色や形がある程度わかるためにも、服と服との間に空間は必ず必要です。

服を良く見せるのは空間次第なのです。一般的に高級店ほど服と服の間隔が広く、すき間なくぎゅうぎゅう詰め込まれるほど、服は安っぽく見えます。

クローゼットが見づらく、「常に着る服がない」「何を合わせたらいいのかわからない！」と思う方は、さまざまな型とさまざまな色を、数や比率を決めずに持ち過ぎているからなのではないでしょうか。

服の総量やグループごとの枚数を決めれば、すべての服が見渡せて、どの服もまんべんなく着られるようになります。

標準的なお宅での女性一人分の服の収納スペースは、約180㎝のハンガーパイプと棚収納を組み合わせた程度の容量、あるいはそれより小さいことが多いですから、クローゼットを開けたとき、服がきちんと見渡せて、楽に出し入れできるように収納するとなると、**60〜80枚程度**が限界です。

もし100枚以上もの服を収納しようとすると、クローゼットからハンガーを取り出しにくくなりますし、一部の服を別の場所に収納しなくてはいけません。

そうなると、すべての服を見渡すことができず、着ない服が多くなります。

❖ 1組の「ベイシック1軍」と、2組の「ベイシック2軍」は特別クラス

クローゼットの中の服を6つの組に分けるとお伝えしましたが、なかでも、「ベイシックエリア」の「1組　ベイシック1軍」と「2組　ベイシック2軍」は、特別クラスだと思ってください。

なぜならこの組に入るのは、あなたの日々のコーディネートの基礎を支える服。

それなりの枚数が必要だからです。

ベイシック1軍と2軍については、もっとも自分に合うボトムスの「型」から割り出し、そこから順々に、この組に入るメンバー（ボトムス、トップス、はおりもの）を決めていきます。

「クローゼットの組分け」の大まかなイメージはつかめましたか？

では次のページから、ステップごとに実践していきます。

#1組
ベイシック１軍

［はおりもの］
［トップス］
［ボトムス］

#2組
ベイシック２軍

［はおりもの］
［トップス］
［ボトムス］

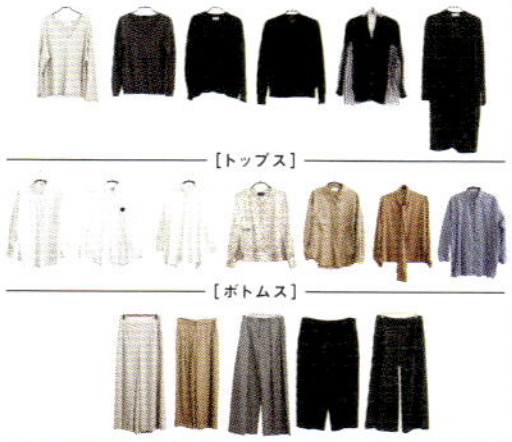

CLOSET MAP

ベイシックエリア
Basic Area

快適生活を支える服

- #1組 ベイシック１軍
- #2組 ベイシック２軍
- #3組 カジュアル

バリエーションエリア
Variation Area

特別な喜びを感じる服

- #4組 おたのしみ
- #5組 ドレス
- #6組 コート

シーズンエリア
Season Area

- 真夏の服
- 真冬の服

Step 01

［シーズンエリア］

自分の服をすべて出して「シーズン」別に分ける

❖ 今着る服だけが並ぶクローゼットに

クローゼットの中の服をすべて出して、次の3つに分けましょう。

❶ **3シーズン着る服（真夏と真冬以外の服）**

❷ **真冬しか着ない服……**コートやダウンなどの重衣料、厚いウールのジャケットやセーターなど

❸ **真夏しか着ない服……**半袖ブラウスやシャツ、サンドレスなど

仮に今が盛夏（7月・8月）と真冬（12月・1月・2月）以外として、❷と❸はいったん別の場所に移動します。

大会場で行われるファミリーセールなどで買い物し、「どうしてこんな服を買っちゃったのかしら？」と後悔した経験はありませんか。こうしたセールは、今シーズンものばかりでなく、昨年や一昨年の服も混ざって売られています。普通

の店より物量が多い上に、色も型も季節もとりとめなく並んでいるため、服が見づらく、どれを組み合わせていいのか、さっぱりわからなくなってしまいがちです。**「服の量が多すぎて選べない」という現象は、クローゼットがセール会場化してしまっているために起きているのかもしれません。**

着たい服を見やすく、取り出しやすいようにするのはもちろん、今必要ではない服を目につかない場所にいったんしまっておくというのは、とても大切なことなのです。クローゼットの手が届きづらい場所、死角になる場所に「真夏の服」と「真冬の服」をまとめてしまっておきましょう。これが「シーズンエリア」です。（P140参照）

Step 02

[#1組　ベイシック1軍]

3シーズン着る服を「型」別に分ける

❖ 服の「型」が同じものは、同じ山に分ける

前項で残した❶「3シーズン着る服」を、タイトスカート、フレアスカート、シャツ、セーターなど、**「型」が同じものは同じ山に、そうでないものは別の山に分けます。**

すべての服をクローゼットから出して、分類し、型ごとに積み重ねていきます。

ハンガーにかかった服をただ眺めるだけでは分類できませんから、一気にすべての服を出します。

1枚1枚手に取りながら分類すれば、サイズやダメージのせいで着られない服もわかりますので、それはこの時点で必ず処分します。

衣替えの時期などを利用してやってみるのもいいですね。

左図は私の服を分類した例です。

ニット・カーディガン
シャツ
ジャケット
ワイドパンツ
足首丈細身パンツ
ロング&タイトスカート
デニム

Step 03

［＃1組　ベイシック1軍］

「ベイシック1軍」のボトムスの「型」を決める

最も活躍しているボトムスの「型」を1型だけ選ぶ

それでは、ベイシックエリアの「＃1組　ベイシック1軍」の服を決めていきましょう。毎日フルに活躍させたい基本の服を決める、最も大事な作業です。

先ほど分類した服の山から、あなたが**ふだん一番よく着ていると思う、または一番多い「ボトムス」の型を1型選んでください**。パンツでもスカートでもかまいません。

型が同じというのは、太さや長さがだいたい似ているものと考えます。さまざまな型を持つと、長いものや短いもの、太いもの、細いものなど、その都度シルエットやバランスが異なるので、コーディネートが複雑になってしまうからです。

左図は私のボトムスの分類例です。

ハイヒールと合わせやすいし
私の脚の弱点を
カバーしてくれる型

足首丈細身パンツ

↓

これが一番多くて活躍中の「型」!

ワイドパンツ

スニーカーや
おじ靴と
合わせることが
多い型

これは主人と
出かけるときなどに
出番が多い型

ロング&タイトスカート

この3本は
「カジュアル」だから
ちょっと置いておく

デニム

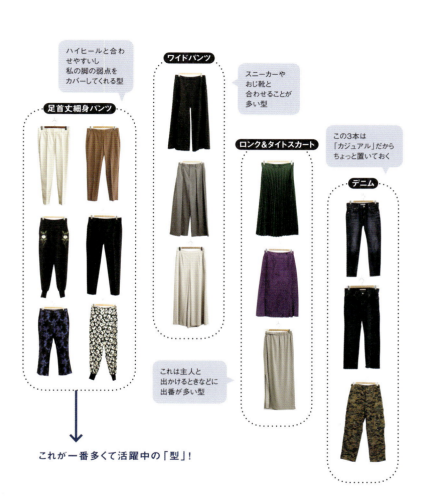

Step 04

[#1組　ベイシック1軍]

「ベイシック1軍」のボトムスの「色」をしぼる

❖「型」と「色」をしぼってベイシック1軍のボトムスが決定

ボトムスの型がしぼれたら、さらにその中から、次の8色を抜き出しましょう。

- 白、黒、グレー、紺、茶、ベージュ、カーキの7色
 =ベースカラー
- 右の色以外で、好きで似合う色、または手持ち服に多い色1色=アクセントカラー

※色についてはChapter 3で詳しく説明します。

私の場合は、前ページで、「足首丈細身パンツ」が最も多い型ということがわかりました。その中から、さらに左の図のように白、茶、黒、紺（ベースカラー）のパンツを抜き出し、これらが「ベイシック1軍」入りとなりました。

ボトムスの選び方は、次のページからくわしく説明します。

足首丈細みパンツ

ベースカラー7色
アクセントカラー1色

そのほかの色

ベイシック1軍入り決定

#1組
ベイシック1軍

［はおりもの］

［トップス］

［ボトムス］

CLOSET MAP

ベイシックエリア	バリエーションエリア
快適生活を支える服	特別な喜びを感じる服
#1組 ベイシック1軍	#4組 おたのしみ
#2組 ベイシック2軍	#5組 ドレス
#3組 カジュアル	#6組 コート

❖毎回違う「型」のアイテムで、違う組み合わせをしようとするから迷う

ベイシック1軍を選ぶ上で、ボトムスの「型」選びは、とくに重要です。

「毎朝何を着ていいかわからない」という方は、黒いフレアスカート、黒い細身パンツ、黒いタイトスカートというふうに、「何にでも合いそうだから」という理由でさまざまな型の服を持ち、毎回違う組み合わせをしようと苦労していることが多いのですが、**これではベイシックな服を持っているようでいて、実は持っていないのと同じ。**

もしも、P50～55の過程で、特に活躍している服や手持ちの服の中で多い型の服がない場合、「自分に一番合うボトムスの型」はどうやって選んだらいいのでしょうか。

選ぶポイントは次の2つ。

❶ 自分の体を美しく見せる＝「脚の弱点」を避けるボトムス
❷ 今の自分の生活にふさわしい＝よく履く「靴」に合うボトムス

この2点についてくわしく説明していきます。

1 脚の弱点を強調する型のボトムスを避ける

1995年にワコール人間科学研究所が発表した「ゴールデンカノン」という体の美的バランスに関する立体指標によると、太もも・ふくらはぎ・足首に対する美脚の黄金比率は「5：3：2」です。すなわち、次のようになります。

- 理想の太ももの太さ　身長(cm)×0・3
- 理想のふくらはぎの太さ　身長(cm)×0・2
- 理想の足首の太さ　身長(cm)×0・12

残念ながら、3カ所ともこの理想値に当てはまる人は、そう多くはないはず。私もこっそり自分の脚を測ってみたら、ふくらはぎの太さに衝撃を受けました。(笑)
太もも、ふくらはぎ、足首のうち、一番目立たせたくない場所はどこですか？
そこをあえて弱点ポイントと呼ばせていただくなら、

ボトムス選びのコツは、弱点ポイントを強調するボトムスを避ける。

これに尽きます。

ふくらはぎが弱点の方は、ふくらはぎの真ん中の一番太い場所で切れる丈や、ふくらはぎがまる出しになる丈のスカートを避ける。

太ももが弱点の方は、ぴったりフィットするストレートパンツやタイトスカートを避け、太もも周りにゆとりがあるパンツや、ももの形が隠れて見えないフレアやプリーツスカートをはく。

足首が気になる方は、足首丈を避け、ふくらはぎのふくらみ下くらいの丈の短めパンツや、足首上でゆったり広がるスカート、ガウチョパンツなどを選べば、足首がほっそり見えます。

脚の中で一番細いところが見えていると、人は目の錯覚で「脚の他の部分も細いにちがいない」と感じるものだからです。

2 よく履く靴のタイプ(=ライフスタイル)に合う型のボトムスを選ぶ

あなたは、今日一日着る服を、何から決めますか?

顔に近いトップスから? それともアクセサリーから?

私がおすすめしたいのは、靴からです。

服を着てアクセサリーをつけ、「よしっ! 今日もがんばるぞ!」と玄関のドアを開けたとたん、外はどしゃ降りの雨!

履こうと思っていたハイヒールが履けず、とりあえずレインシューズになってしまったために、コーディネートのバランスがイマイチに。そんな経験はありませんか?


服を決める前に考えなくてはいけないのは、今日一日の行動予定です。

たとえば、月曜から金曜まで保育園の送り迎えと通勤という働くお母様なら、歩きやすく安定感のある中ヒールやローヒールの靴と、お子さんと思いきり公園で遊ぶためのスニーカーが中心になり、お子さんが成長しライフスタイルが変わるまで、あと数年は、毎日10㎝のヒールを履くことはないかもしれません。

つまり私たちは自然に、自分の生活に無理のないタイプの靴をしぼり込んでいるものなのです。

今の生活に必要なタイプの靴が数種類にしぼられれば、それに合わせられるボトムスもおのずとしぼられてきます。靴とボトムスには相性があるからです。

たとえば下の写真のように、ひざ丈のタイトスカートは、スラリとひざ下が長い脚でないかぎり、ある程度の高さのヒール靴を合わせないと脚の太さが目立ってしまいます。また細身のパンツに、ペタンコで幅広なスニーカーを履くと、足がミッキーマウスのように大きく見えてしまうので、バランスがよくありません。

靴とボトムスの型の相性は左の表のようになります。

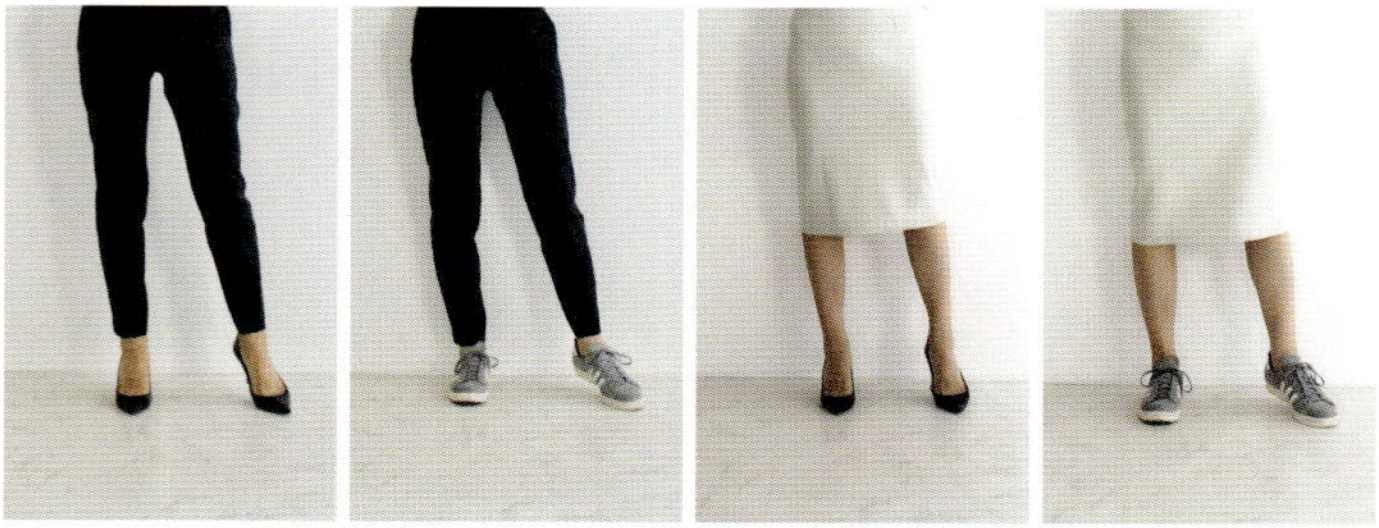

○ × ○ ×

	5cm以上のハイヒール 	**甲が出るフラットシューズ** 【バレエシューズなど】 	**甲が隠れるフラットシューズ** 【ローファー、おじ靴、スニーカーなど】 
❶ひざが完全に隠れるひざ下丈のボトムス 【ミモレ丈フレアスカート、ロングタイトスカート、ガウチョパンツなど】	◎	◎	◎
❷足首付近までのマキシ丈のボトムス 【マキシ丈スカート、ワイドパンツ、裾がダブル幅のワイドパンツなど】	◎	◎	◎
❸ひざ丈のボトムス 【タイトスカート、キュロットスカートなど】	◎	○	
❹ふくらはぎ丈の細身パンツ 【サブリナパンツやカプリパンツ（ふくらはぎ中丈）】	◎	○	
❺足首（くるぶし）丈の細身パンツ 【テーパードパンツ（太もも付近にゆとりがありひざ下が細い）、クロップドパンツなど】	◎	○	

◎特に オススメの組み合わせ　○次にオススメの組み合わせ

たいていの方は、服を型別に分類すると、同じ型を何枚も持っていることが多いものです。私たちは特に型を決めずに服を選んでいるようでいて、実は自分の体型を一番良く見せるシルエットの服を、無意識に多く選んでいます。

私のボトムス選びについて少し紹介します。私の脚の最弱点はひざとふくらはぎ。ですから、ひざ丈のタイトスカートはもってのほか。ただ、身長が高いせいで股下が長いのが唯一の救いなので、脚がすべて隠れる足首丈のパンツが、自分を一番スタイルよく見せてくれるボトムスです。

また、靴は長い間アパレルで仕事をしていた習慣で、7㎝以上のヒールが最も落ち着きます。中ヒールやローヒールは、かかとに重心が傾く気がして疲れてしまうので。

このように、私の「脚の弱点」と「ライフスタイルに合う靴」から考えると、最も活躍するベイシック1軍のボトムスと靴は、**「足首丈細身パンツ」と「ハイヒール」**となるわけです。

また、たくさん歩く日には、「おじ靴」とスニーカーがメインです。これは、P74でお伝えする「ベイシック2軍」のボトムスを決めるときの軸になります。

足首丈細身パンツ＋ハイヒール。

たくさん歩く日はフラットなおじ靴で。

❖ 同じ型とベイシックな色の服が並んでいるからこそ、コーディネートに悩まない

自分の体型を美しく見せるボトムスと、ライフスタイルに無理のない靴の組み合わせは、おしゃれを継続する上で、最も大切な土台となります。だからクローゼットマップのベイシック1軍と2軍は、ボトムスの型を決めることから始まります。

「ふだんの服」にふさわしいボトムスと靴の組み合わせは、そう多くはないかもしれません。

でも、それでいいのです。

あなたがモデルさんでない限り、ライフスタイルに無理がある靴や、スタイルが悪く見える多種多様なボトムスを着こなす必要はないのですから。

むしろ、似合わないボトムスと靴の組み合わせには手を出さないことで、ハズレの日がなく「いつでもおしゃれ」でいられるのです。

私の場合、ベイシック1軍のボトムスは左のようになりました。

CLOSET MAP

ベイシックエリア	バリエーションエリア
#1組 ベイシック1軍	#4組 おたのしみ
#2組 ベイシック2軍	#5組 ドレス
#3組 カジュアル	#6組 コート

私のベイシック1軍のボトムス

[はおりもの]

[トップス]

[ボトムス]

「足首丈細身パンツ」が私の定番!
「Theory」など、同じブランドの色違いも多い

印象がやわらかくなるネイビー。黒いパンツの色違いでそろえている。

最も活躍する細身黒パンツ。ほとんど同じ型だけど、丈とウエスト、すそのデザインが少しずつ違う。

Step 05

[＃1組　ベイシック1軍]

「ベイシック1軍」のボトムスに合わせてトップスを決める

1軍のボトムスと合わせやすく、管理しやすいものを選ぶ

次にベイシック1軍のトップスの型を一つ決めます。**おおざっぱに見て、身幅や着丈が似たようなもの、そして素材や厚みが似たようなものを選んでください。**えりの形がスタンドカラーか丸えりかなどの、細かなデザインは違っていてもかまいません。ポイントはベイシック1軍のボトムスと合わせやすいかどうか。

私は家で洗濯できてノーアイロンで着られるという条件で選んでいます。毎日着たい服が、アイロンがかかっていないために着られないということがないようにです。

型が決まったら、ボトムスと同様、ベースカラー（白、黒、グレー、紺、茶、ベージュ、カーキ）とアクセントカラー1色を抜き出し、1軍のトップスとします。

CLOSET MAP

ベイシックエリア	バリエーションエリア
#1組 ベイシック1軍	#4組 おたのしみ
#2組 ベイシック2軍	#5組 ドレス
#3組 カジュアル	#6組 コート

私のベイシック1軍のトップス

[はおりもの]

[トップス]

白、ベージュ、ネイビー、ブラックのベースカラーシャツ。合わないボトムスはない、迷わないシャツ。

私のアクセントカラーはブルー。大好きなデニムとも相性良し。

[ボトムス]

POINT 自分なりのベイシック1軍ルールで

私の場合は、家で洗濯できる、お手入れラクチンなシンプルシャツ。
細身パンツとも相性がいい。

Step 06

[#1組　ベイシック1軍]

「ベイシック1軍」のはおりものを決める

❖自分の「生活」や「好み」に合わせて選ぶ

最後にベイシック1軍のジャケットやはおりものを選びます。特にお仕事で毎日ジャケットを着る方は、入れておいたほうがいいでしょう。

ジャケットの他、少し肌寒いときに1枚重ねる3シーズン用のカーディガンやジャンパー類などであってもいいでしょう。(ジャケットを着ないというライフスタイルの方は、必然的にそうなりますね)

ここに入る服は型を統一する必要はありませんが、ベイシック1軍に選んだボトムス、トップス、よく履く靴を身につけたとき、違和感なくはおれる型や丈の服がベストです。

さらにボトムス、トップスと同様に、ベースカラーとアクセントカラーになる色を抜き出して、これをベイシック1軍のはおりものとします。

私の「ベイシック1軍」はこうなりました！

- 何も考えたくない日は、この中からたてに3枚、パパッと選ぶだけ
- 仕事でもランチでもどこでもOKだし、動きやすい
- アクセサリーとバッグで変化をつけるのが楽しい

※上の①〜⑥のの番号はP71のコーディネートと対応しています。

Step 07

［＃１組　ベイシック１軍］

「ベイシック1軍」の中で服を組み合わせてみる

❖ 毎朝、適当に服を合わせるだけでキマる

ここまでで、ベイシック1軍のボトムス、トップス、はおりものが決まりました。

それぞれの型をしぼることで、ボトムス、トップス、はおりものの、どれを組み合わせても合うようになっていることにお気づきではないでしょうか。

またどの組み合わせも、バランスが大きく変わることがないので、スタイルが一定で、印象がブレません。

これが型をしぼる意味です。

試しに、あなたが選んだベイシック1軍のボトムス、トップス、はおりものから1枚ずつ選んで組み合わせて着てみましょう。左は私のベイシック1軍だけで組んだコーディネートです。

coordinate

ベイシック1軍だけで組んだコーディネート

①+②+③

ジャケット：Deuxieme Classe
ブラウス：EQUIPMENT
パンツ：Theory　バッグ：Jimmy Choo
シューズ：PELLICO

④+⑤+⑥

ジャケット、ブラウス、パンツ：すべてStella McCartney
シューズ：Maison de Reefur
バッグ：Valentino

❖「ベイシック1軍」は、目立つ服ではありません

「着る服がない」という方の多くは「普通の服を持っていないベイシック欠乏症」です。つい目先の変わった、デザイン性の高いトップスばかりを買ってしまい、一時的に新鮮さを感じることはあっても、手持ちの服になじまず使えないというパターンです。外出が多いのにベイシックな服がほとんどなかったという方は、今「ベイシック1軍」を充実させることが何より優先になります。

ただしベイシックだからといって「つまらない」「面白みがない」と感じる服を選ぶ必要はありません。同じ白シャツでも、なんだか落ち着かないものと、顔色が生き生きと見え、自分の体にしっくりなじむ白シャツがあるはずですから。

❖これといった「型」が見つからない場合は「全身一気買い」

もしも、手持ちのボトムスも、トップスも、はおりものもすべてがバラバラで、多い型がなかった、あるいは自分でコーディネートを組み合わせることに自信がないという方は、服を買うとき、一度「全身買い」してみることをおすすめします。

このパターンになりがちな方の多くが、手持ちの服にこだわりすぎる傾向があるようです。単品でちょこちょこ服を買うのをやめ、シーズン初めの、サイズがそろい、ゆっくりと接客を受けられる時期に「全身買い」を試してみてはいかがでしょうか。お店にはトップス、ボトムス、靴、アクセサリー、バッグを身につけたマネキンがディスプレイされていますし、プロにアドバイスしてもらうこともできます。

まずは自分の暮らしや体型に合い、自信が持てる完璧な一式を手に入れましょう。

そして、次に何か買うときは、それと似たバリエーションを買うといったそろえ方をすれば、徐々にクローゼットが充実してくるはずです。

またこれとは逆のパターンで、似たようなベイシック服ばかりを何枚も重複して買ってしまう、という方もいます。

ただなんとなく同じ型と色の服が何枚もあり、特に使い分けもしていないという場合は、重複している服を1枚だけ出して、それ以外を傷んだときのスペアとして一度しまってしまうのも手です。

服の全体量が減れば、その分他の服が見やすくなります。

Step 08

[＃２組　ベイシック２軍]

「ベイシック２軍」の服を決める

❖手持ちのボトムスの中で２番目に多い「型」が２軍入り

次は「ベイシック2軍」の服を決めていきます。

手持ちのボトムスの中で2番目に多い型、活躍している型を選び出し、さらにそこからベースカラー（白、黒、グレー、紺、茶、ベージュ、カーキの7色）＋アクセントカラー1色を選びます。

どの「型」にしぼればいいかわからない場合は、ベイシック1軍と同じように、「脚の弱点」と「ライフスタイルに合う靴」を考慮してボトムスを1型選びましょう。

たとえば私の場合、P62のように、最もよく履く7㎝以上のヒールに合わせて、ベイシック1軍のボトムスの型は、「足首丈細身パンツ」でした。しかし、たくさん歩く日には、おじ靴とスニーカーがメイン。したがって、私のベイシック2軍のボトムスの型は、その靴に合う「ふくらはぎより長い丈のワイドパンツ」になりました。

❖ベイシック2軍のトップスとはおりものを決める

次に、ベイシック1軍のときと同様、ベイシック2軍のボトムスの型に合わせてトップスとはおりものを決めます。

私の場合、ベイシック2軍のトップスは1軍と同じシンプルなシャツタイプ。ただし、1軍と違い、クリーニングが必要なシルクや、アイロンがけが必要なコットン100%のシャツなど、ひと手間かかる素材のものを、2軍としています。また、ベイシック2軍のはおりものは、ジャケット代わりになるカーディガンやニットです。コットンとカシミヤの混紡素材や薄手のウール素材が中心で、着る時期が長いタイプを選ぶことにしています。

ここまでで、ベイシック1軍、2軍の2つの組ができ上がりました。

もし、朝着る服に迷ったら、ベイシック1軍、2軍の服を、それぞれたてに組み合わせるだけで、シックでベイシックなコーディネートが作れるようになっているはずです。

CLOSET MAP

ベイシックエリア	バリエーションエリア
#1組 ベイシック1軍	#4組 おたのしみ
#2組 ベイシック2軍	#5組 ドレス
#3組 カジュアル	#6組 コート

私の「ベイシック2軍」はこうなりました！

[はおりもの]

ジャケットよりゆるっと着られるニット。コットン&カシミヤが3シーズン着られて便利。

[トップス]

クリーニング、アイロンがけが必要な「ひと手間シャツ」。

[ボトムス]

2軍のボトムスはワイドパンツ。
スニーカーにも合わせやすい。

coordinate

ベイシック2軍だけで組んだコーディネート

①+②+③

④+⑤+⑥

ニット：Acne Studios
シャツ：PLAY COMME des GARCONS
パンツ：1er Arrondissement
バッグ：DRIES VAN NOTEN　シューズ：Church's

カーディガン：sacai　シャツ：BACCA
パンツ：Spick & Span
バッグ：Jimmy Choo　シューズ：Robert Clergerie

❖働く女性なら、ベイシック1軍＋2軍＝40枚程度が理想

仕事を通して、私がこれまで見てきたおしゃれな大人の女性たちは、このベイシック1軍と2軍のような、「デイリーウエア」を何よりも大切にしていました。

昨年はスキニーパンツ、今年はフレアスカートと、流行りのものにやたらと手を出すのではなく、白シャツやチャコールグレーの細身パンツなど、ベイシックだけれど本当に自分に合う「型」をしぼり込むことで、自分らしさが表現できるはずです。

「クローゼットマップの法則」は、自分の体や生活に合う、シンプルで機能的な服を、使いやすい場所に移動して、徹底的に使いこなすのも目的のひとつです。

そうすることで、愛用の服を着る回数を増やし、傷んできたら買い替えるということができるようになります。

一番出し入れしやすい場所で常に見渡せる服の量を考えると、ベイシック1軍と2軍合わせて40枚程度におさめるのが理想です。クリーニングやお洗濯のローテーションがあったとしても、1軍、2軍のボトムス、トップスがそれぞれ最低5枚あれば、週5日フルタイムで働く方の外出にも対応できるはずです。

ベイシック1軍、2軍の服はシンプルな土台ですから、これにアクセントを加えてくれるのがアクセサリーやバッグ、ストールなどの小物類です。小物類を加えることで、ふだんのコーディネートが完成すると考えましょう。

Step 09

[＃3組　カジュアル]

「カジュアル」組の服を決める

❖「カジュアル」服で、コーディネートに抜け感が出る

次に作るのは、トレーナー、フード付きパーカー、ボーダーTシャツ、デニムなどの「カジュアル」組です。

この組の服をどのくらい持っているかは、人によってかなり差があります。

仕事用のカチッとした服以外、カジュアルな服はほとんど持っていないという方がいるかと思えば、クローゼットから10枚以上もパーカーが出てきたなんていう人も。

左は、私の「カジュアル」組のラインナップです。自分に合うデニムやカーゴパンツ、ライダースジャケットで構成されています。

私の「カジュアル」組

[はおりもの]

[トップス]

[ボトムス]

カジュアル服の枚数は多いのに、ふだんあまり着ていないという方がいます。カジュアル服は、カジュアルな服どうしで、カジュアルな場面にのみ着るものと思っていませんか？

こうした服は、たいてい耐久性があるので、長持ちしすぎてしまいます。学生時代に着ていたトレーナーをいまだに持っているなんていう方も、珍しくありません。

しかし、定番のように見えるカジュアル服であっても、数年で型は古くなっていきます。

購入して5年以上経っている服や、理由なく同じ形や柄で何枚も重複して持っている場合は、古い順、あるいは傷みが激しい順から処分することも考えましょう。

また、カジュアル服だけでコーディネートすると、子どもっぽくなりすぎます。お子さんと遊んだり、バーベキューをしたりするときは全身カジュアルでよいでしょう。

でも、休日の気軽なショッピングやカフェでランチ、ドレスコードが比較的ゆるい職場などのときには、ベイシック1軍、2軍の服に、カジュアル組の服を加えてドレスダウンし、コーディネートに「抜け感」を出すことができます。

そこで、大人の女性が持っていると便利なカジュアル服についてお伝えしていきましょう。

1

デニム
……毎年更新するのをやめるだけでスタイルが作れる

ゴールドラッシュに沸いた時代のアメリカで、鉱夫の作業用に作られたのがデニムです。丈夫な生地と縫製でできているので、簡単には傷みません。
私もデニムが大好きなので、以前は毎年新調していましたが、あるときそれをやめてみました。

いかにも「今年の服だらけ」に見える装いは、大人の女性にふさわしくないと思ったからです。

今の私の定番は、やや太めの「リーバイス501」と細めの「712」で、ダメージのないストレートタイプを中心に数本を愛用していますが、股上の深さなどの大きな流行の流れを考えると、せいぜい3年に1本新調すれば十分。いろいろ試した結果、ストレートタイプ以外のバリエーションは、私にはいらないと考えています。

「ベイシック1軍と2軍のジャケットやシャツに合わせ、さらりときれいめに着られるか?」という基準で選んでいます。

2 カーゴパンツ……デニムが苦手な方の救世主

「カーゴパンツ」とは、脚の外側両サイドに大きめのポケットがついているカーキ色のパンツのこと。「ベイカーパンツ」とも呼ばれます。もともとは貨物船（カーゴ）で荷物の積み下ろし作業に従事する人のために作られたパンツなので、分厚く丈夫な綿素材でできているのが特徴です。

細身できゃしゃな体型の方がゆるりとはくと、パンツのハードさとの対比で女性らしさが際立ち、さわやかな色気が出ます。**このパンツは太めに作られていることが多いので、デニムはムチムチして苦手という方にもオススメです。**

ただ、下半身のボリュームが気になる方は、ゴワゴワした綿素材を避け、とろみのあるテンセルなどの素材のカーゴパンツを選んでみてください。**やわらかできれいめな素材なので、ベイシック1軍と2軍の服にも合わせやすいでしょう。**

また作業着だった名残りで、女性もののカーゴパンツにも足首部分にひもが通してあり、はき口の太さを絞って調整できるものもあります。これがついていると、合わ

せる靴によって長さの微調整ができるので便利です。

3

艶ありブルゾン……形はカジュアル、素材はリッチ

ヨレヨレのTシャツと穴あきデニムを着ても魅力的に見えるのは、みずみずしい肌の若者だけ。カジュアル服を着るときに共通して言えることですが、髪や肌に艶感が不足してくる大人世代が、質実剛健な素材のカジュアル服をそのまま着るのは、なかなか手強いこともあります。

私たち大人世代は「艶を足す」ことで、若者には表現できない大人の余裕感を出したいものです。

そこで重要なのが、素材選びです。

最近の「エコファー」や「エコレザー」の質の向上は素晴らしいですが、レザーに関しては、ビニール素材とリアルなレザーとでは、その質感や艶感には雲泥の差があります。

「ライダース」などのジャケット類は、10～20年と長く着るものでもありますので、

質の良いラムレザーや、やわらかいシープスエードなどを選んでも良いでしょう。
また「ＭＡ１」のようなブルゾン類を選ぶなら、サテンなどのやわらかくとろみのある素材を選ぶと、女性らしく着こなせます。

4

モノトーンの大人カットソー
……「運動着感」のない女性らしさを

大人の女性は、「アメカジ」ど真ん中は卒業です。

フード付きパーカーやトレーナーは、運動着感が出るので、子どもっぽい印象になりがちです。

素材は同じジャージでも、ドロップショルダー型（肩先が腕側に落ちた肩のラインのこと）で短めな丈のものや、リブ部分（えり、袖、すそのゴム部分）がゴツすぎず、身ごろと同色といった大人っぽくなる工夫がしてあるもの、白、黒、グレーなどのモノトーンの中から選ぶと、ふだんのコーディネートに取り入れやすくなります。

①〜④で紹介したカジュアル服すべてに言えることですが、カジュアル服を街着として着る場合は、全身カジュアルでまとめないのがコツです。

同じローヒールでもスニーカーより革靴。

きちんとしたバッグやアクセサリーなどを加えると、より「大人感」が出ます。

Step 10

[ベイシックエリア]

「ベイシックエリア」だけでコーディネートができる

❖ コーディネートの土台となる「ベイシックエリア」の3組が完成

ここまでで、あなたのふだんの生活をささえる服である「ベイシックエリア」の3つの組が完成しました。

私の場合、ベイシック1軍、2軍のトップスの型を同じにしているので（1軍、2軍のトップスの違いは、家でお手入れが楽にできるかどうかという素材の差）、1軍、2軍両方のボトムスと、違和感なくコーディネートできるようになっています。

また、カジュアル服も、ベイシック1軍、2軍と組み合わせやすいものを選ぶようにしているため、ベイシックエリア3組の服をどんなふうに組み合わせても、コーディネートしやすくなっています。

この時点で、私のベイシックエリアの服の合計枚数は55枚です。

この量なら、どの服もまんべんなく活用でき、きちんと着てから処分することができるようになります。

次のページは、ベイシックエリアの３つの組で組み合わせたコーディネートです。

⑦
＋
⑧
＋
⑨

ジャケット、パンツ：ともにTheory
Tシャツ：GALERIE VIE
バッグ：Celine
シューズ：Robert Clergerie

＃1組 ベイシック1軍

［はおりもの］

［トップス］

［ボトムス］

＃2組 ベイシック2軍

［はおりもの］

［トップス］

［ボトムス］

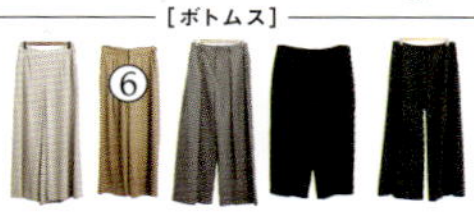

＃3組 カジュアル

［はおりもの］

［トップス］

［ボトムス］

coordinate

［ベイシックエリアだけで組んだコーディネート］

①＋②＋③

ジャケット、バッグ：ともにStella McCartney
デニム：Levi's
シューズ：Jimmy Choo
スカーフ：HERMES

④＋⑤＋⑥

カットソー：Whim Gazette
シャツ：PLAY COMME des GARCONS
パンツ：1er Arrondissement
バッグ：Jimmy Choo
シューズ：Robert Clergerie

Step 11

［＃4組　おたのしみ］

「おたのしみ」組の服を決める

❖ 着まわしを考えず、「ときめく」服を選ぶ

ここからは、クローゼットマップの右列「バリエーションエリア」の服を決めていきます。

まず「おたのしみ」組の服を決めていきましょう。

「ベイシック1軍」「ベイシック2軍」「カジュアル」で選んだもの以外の服から選びます。

左列のベイシックエリアでは、着こなしの土台とするため、型や色にルールを設けましたが、**「おたのしみ」組の服には、枚数以外、一切制限を設けません。**

CLOSET MAP

ベイシックエリア	バリエーションエリア
#1組 ベイシック1軍	#4組 おたのしみ
#2組 ベイシック2軍	#5組 ドレス
#3組 カジュアル	#6組 コート

私の「おたのしみ」組

[はおりもの]

[トップス]

[ボトムス]

❖ 心を浮きたたせてくれる服も大切

「おたのしみ」組は、組み合わせがしやすいとか、デザインがベイシックかどうかなどといったことは考えず、とにかく〝ときめく服〟を選びます。

個性が強くて、いろいろな組み合わせはできないけれど、何しろ気に入っているというデザイン物や大好きな色のスカート、パンツなどはありませんか？

ベイシック1軍と2軍がしっかりと整っていれば、この組の服は、着まわしを考える必要もありません。

私のおたのしみ組には、主人との外出時にはきたいスカートや、元気を出したいときに着るちょっと派手な色のトップスや、個性的な柄パンツなどがメンバー入りしています。

もしあなたが、ベイシックエリアの服はもう十分足りていて、着こなしのアクセントになる服を必要としているなら、「ここに入る服かどうか」が、次に買う服の判断基準になります。

逆に、ベイシックエリアの服が足りておらず、毎日のコーディネートに困っている場合は、まずベイシックエリアの３つの組に入れるベイシック服を充実させるのが先。「おたのしみ」より優先させましょう。

Step 12

[＃5組　ドレス　＃6組　コート]

「ドレス」「コート」組の服を決める

❖式服スーツや高級素材のワンピースは着まわしを考えず、スペシャルに着る

「コート」組の服は、3シーズン着られて、ベイシックエリアの服と合わせやすいものを入れておきましょう。私の場合は、ベージュと黒の「トレンチコート」をこの組に入れています。

「ドレス」組には、ワンピースやパーティー・スーツ類を入れます。こうした服は、1枚で着るだけで着こなしがほぼ完成するため、組み合わせを考えなくてもすむので、毎日ワンピースを着る仕事でなければ、5枚程度そろっていれば十分です。

『「リトルブラックドレス」』がマストアイテム」と書かれているファッション本をよく見かけます。けれども、髪の黒い日本人が華やかに着こなすのは、なかなか手強い服です。

CLOSET MAP

ベイシックエリア	バリエーションエリア
#1組 ベイシック1軍	#4組 おたのしみ
#2組 ベイシック2軍	#5組 ドレス
#3組 カジュアル	#6組 コート

私の「ドレス」グループ

シルクやジョーゼットなどの高級素材を用いて作られたリトルブラックドレスは、日常着ではなく、ハレの場にふさわしいもの。これらの特別感のあるワンピースは着まわしを考えずに、とっておきの時のために保管しておきましょう。

また、子どもの入学式や式典などに着用する「式服スーツ」も、お店で「単品でも使いまわせますよ」などとすすめられるかもしれませんが、使いまわさないほうが賢明です。上質な素材ほどデリケートにできていますから、スカートだけふだん使いしてしまうと、上下で質感が違って見えてしまうこともあるからです。

こうしたスーツは、お手入れした後、ふだんは目につかない場所に収納しておくことをおすすめします。黒の喪服も同様です。

「色やデザインが特徴的でもっと着たいけどなかなか着る機会がない」というワンピースやスーツ類は、ベイシック1軍、2軍の服と重ね着し、活用してみてはいかがでしょう。上にはおる、下に着るなどの工夫で活躍回数がぐっと増えます。

上に重ねる、下にはく。
思い込みを捨てて、重ね着し、
出番を増やす。

1枚でシンプルに着る。

Step 13

［全エリア］

6つの組の服を自由自在に組み合わせる

ベイシックエリアとバリエーションエリアをかけ合わせて自分らしいコーディネートを作る

さあここまでで、あなたの手持ち服の6つの組分けができました。

あとは、毎日3通りの手順で、服を組み合わせるだけです。

1つめは、シンプルにベイシックエリアの中だけで、ベイシック×ベイシックのコーディネート。

2つめは、ベイシックエリアとバリエーションエリアでかけ合わせたコーディネート。

3つめは、バリエーションエリアの服だけで組み立てるコーディネートです。

次のページから、私のクローゼットの服で組んだコーディネートを、それぞれ紹介します。

1 ベイシックエリア×ベイシックエリア

ベイシックエリアの中だけでトップス、ボトムス、はおりものを選んで組み合わせるコーディネートです。

ベイシックエリアは、ベイシック1軍、ベイシック2軍、カジュアルの3組に分けましたから、このエリア内だけでも、かなりいろいろな組み合わせができるはずです。

何か物足りないなと思ったら、靴、バッグ、アクセサリーなどの小物類でアクセントを加えれば十分です。

coordinate ***I***

ベイシックエリア × ベイシックエリア

べ ベイシック1軍

べ ベイシック1軍

べ カジュアル

ジャケット、バッグ：
ともにDeuxieme Classe
ブラウス：EQUIPMENT
パンツ：BACCA
シューズ：Banana Republic

べ カジュアル

べ ベイシック2軍

べ ベイシック2軍

ジャケット：Acne Studios
ニット：AP STUDIO
パンツ：Deuxieme Classe
バッグ：Stella McCartney
シューズ：Banana Republic

2 ベイシックエリア×バリエーションエリア

ベイシックエリアとバリエーションエリアから、それぞれトップス、ボトムス、はおりものを選んで組み合わせます。

バリエーションエリアの服は、色合わせやデザインの組み合わせを考えるのが多少難しくなりますが、トップスかボトムスどちらかにベイシックエリアの服を入れると、コーディネートが落ち着きます。

coordinate **2**

ベイシックエリア × バリエーションエリア

ブラウス：Saint Laurent（vintage）
デニム：Levi's
シューズ：Jimmy Choo
バッグ：Valentino

カットソー：Whim Gazette
シャツ：PLAY COMME des GARCONS
スカート：DESIGNERS REMIX
シューズ：Maison de Reefur
バッグ：Mika Sarolea

3 バリエーションエリア×バリエーションエリア

バリエーションエリアを活用したコーディネートです。

デザイン性のあるもの、色や柄の華やかなものが中心となるため、難易度は少々高くはなりますが、成功すればドラマティックで、非日常感のあるコーディネートに。

あらかじめベストな組み合わせを考えておくといいでしょう。

コーディネートが苦手な方は、お店の方にアドバイスをもらいながら、アクセサリーや小物類を含めたトータルコーディネートでセット買いをするのがおすすめです。

coordinate 3

バリエーションエリア
×
バリエーションエリア

ブラウス：Saint Laurent（vintage）
スカート：STUNNING LURE
シューズ：Jimmy Choo
バッグ：Valentino

クローゼットマップの法則

2

「整列させる」組別にわかりやすく収納し、お店のようなクローゼットに

服を6つの組別に収納する

「クローゼットマップの法則」の第2部は、「収納」です。

せっかく6つに組分けした服が、ごちゃごちゃ混ざることのないよう、収納も組別にして、見やすさとわかりやすさを継続させます。

アパレルでは、企画段階でグループごとに作った服は、お店に並べるときもひとかたまりにします。「このあたりがオフィス用デイリーウエア」「ここは休日リラックス」というふうに、ゾーン別に似たようなテイストや用途の服がかたまって陳列されていれば、お客様が見やすいからです。また、使用されているハンガーなども統一されているので、服のラインが美しくそろい、見やすく

なっています。

つまり、この並べ方を、そのまま私たちのクローゼットに活かせばいいのです。

❖ベイシック1軍と2軍は「フォトマップ」を作る

クローゼットの服を、すべて絵に描いたり、写真を撮ったりするのは大変なので、**コーディネートの土台になる重要な2つの組であるベイシック1軍、ベイシック2軍の服だけは、すべて写真を撮り、「フォトマップ」を作ります。クラス名簿を作るのと同じです。**

そして、そのフォトマップをクローゼットの扉の内側に貼っておきます。

フォトマップを作っておくことで、自分のスタイルや方針が明確になり、「何にでも合いそうだから」と、やたらと黒やグレーの「ベイシックらしき服」を買ってしまうこともなくなります。

また、自分に本当に必要なベイシック服の中で、足りているものや、買い替え、買い足しをしなくてはならないものも一目瞭然になります。

アパレルの中で最も重要とされている、「ＭＤ（マーチャンダイジング）」という仕事があります。

これは、ワンシーズンの商品の中で、カーディガン何枚、フレアスカート何枚などというように、アイテムごとの最適数量を割り出して商品を構成するノウハウです。

もしもその配分がうまくいかなければ、ブランドの売り上げは伸びません。お店にジャケットばかりが並んで、それに合わせるスカートが1枚もないとか、色や素材がバラバラで組み合わせが難しいために、お客様にトータルコーディネートをして販売できないなどといった不都合が生じてくるからです。

服を企画するときには、シーズンを通して展開される商品の全体像を把握するため、商品の豆絵（小さいデザイン画）、素材、サイズ、カラーなどをひとつの表にまとめてビジュアル化したマップを作ります。

これを「ＭＤマップ」といいます。

ブランドの担当者全員が、このマップをもとに商品を作ったり、商品をバランス良くお店に並べたり、販売したりするわけです。

ベイシック1軍、２軍のフォトマップは、まさにこのＭＤマップと同じです。

ベイシック1軍、2軍の全アイテムを一気に「見える化」し、コーディネートに悩む時間をなくしてくれる存在なのです。

一度このフォトマップを作ってしまうと、その便利さに驚くことでしょう。

それでは、始めましょう。

Step 14

［全エリア］

目印をつけて、6つの組分けをキープする

それぞれの組ごとに、ハンガーに目印をつける

「ベイシック1軍、2軍……とせっかく組分けできても、すぐにまた混ざってしまうのでは？」と不安に思った方、大丈夫です。乱れてもすぐに整え直すことができるよう、ハンガーを使って、簡単に整理する方法を紹介します。

その方法とは、ハンガーに組ごとの目印をつけることです。「クローゼットマップの法則」では、すべての服を最終的に6つの組に分類します。

そこで6色の組の目印をハンガーに取り付け、その色別に服をかたまりで収納するのです。こうすれば、6つの組が、お店のようにゾーン分けされてクローゼットにおさまり、コーディネートが考えやすくなります。

服のお店では「サイズチップ」（サイズタグ）という小さなパーツを、ハンガーのフックの根元に取り付けて、7号、9号などの商品サイズを見やすいように表示していますよね。それに似た目印をハンガーにつけ、1組から6組の服の目印にします。

このパーツは、簡単に手作りできます。

ストローにカラフルな色のマスキングテープを巻きつけ、2㎝程度の長さに切ります。それをハンガーのフック部分から通して、グループの目印にします。暗いクローゼットの中でも目立つように、カラフルな色のマスキングテープを使いましょう。

色付きのストローであれば、マスキングテープを貼らなくても、そのまま利用することもできます。

また、組別に服の枚数の上限を決めたら、目印を取り付けたハンガーもその数だけ用意しましょう。そうすればむやみに服が増えることなく、どの組にどのくらいの枚数の服があるかも一目でわかります。

また、この際ハンガーは、アイテム別に同じ種類に統一するのがおすすめです。ジャケットは1種類のジャケット用ハンガー、ブラウスは1種類のブラウス用ハンガーというように。一度にそろえるのが無理なら、ベイシック1軍と2軍だけでもそろえてみましょう。

良いハンガーに統一すれば、クローゼットの中で服の肩の位置がそろい、見た目が非常に美しく、なおかつ服が取り出しやすくなるはずです。（ハンガーについては、P129で紹介します）

❖「たたむ収納」は、棚に組ごとのラベルをつける

ニットなどのように、たたんで収納する服の場合は、棚ごとにマスキングテープで組ごとに印をつけます。服を着たら、またその棚に戻すようにします。

同じ棚に違う組の服を収納する場合は、服と服の間の仕切りにブックエンドを使うと見やすくなります。

ストローにカラフルな色のマスキングテープを貼り付けてカットし、ハンガーの軸に通す。通らなければ、たてに切り込みを入れる。

棚ごとに色の異なるラベルをつければ、見やすく、わかりやすい。

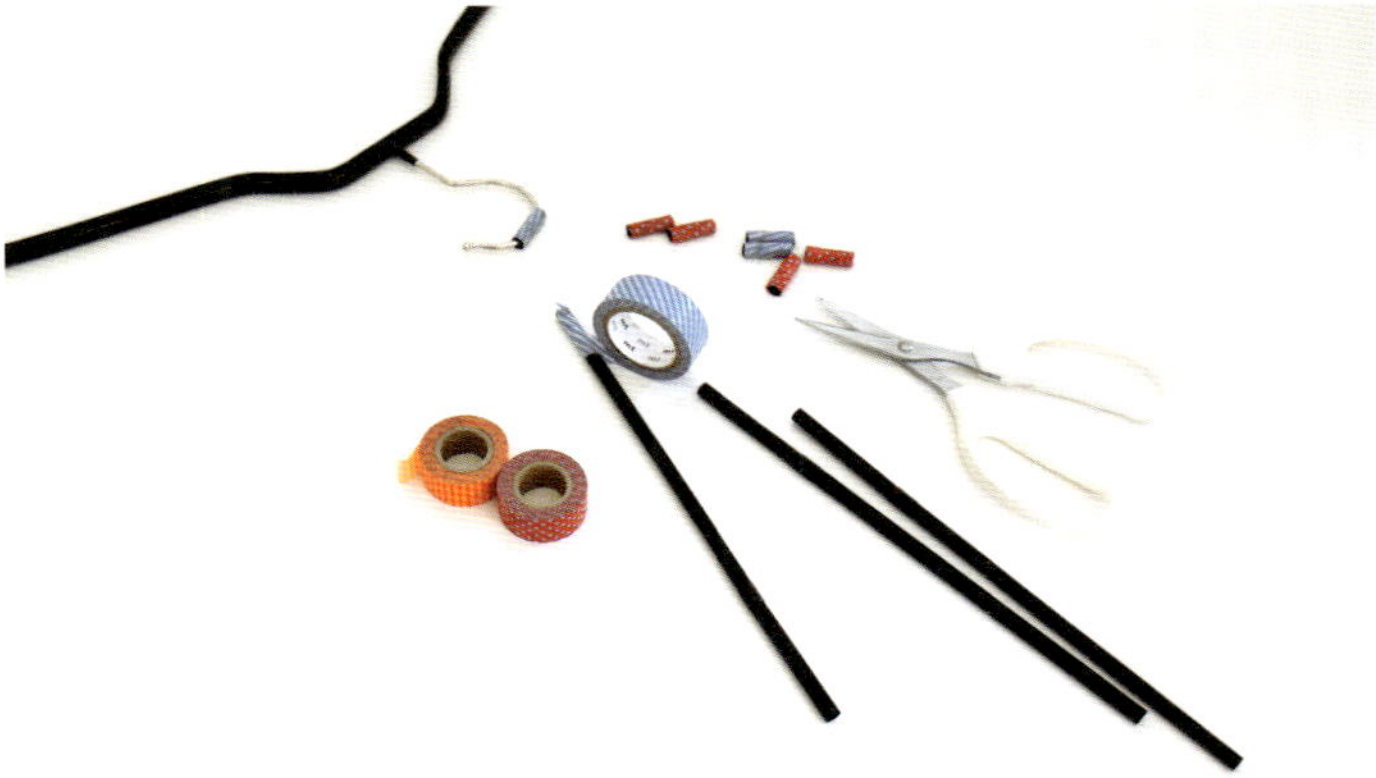

家にある材料で、簡単に作ることができます。

Step 15

[#1組　ベイシック1軍　#2組　ベイシック2軍]

「ベイシック1軍、2軍」の「フォトマップ」を作り、クローゼット迷子を解決

ベイシック1軍、2軍の服を撮影する

ベイシック1軍、2軍には、何が何枚あるか、何が足りていないのか、いつも細かく把握しておく必要があります。そのため、この2つの組の服をすべて撮影し一覧表を作ります。これが「ベイシック1軍マップ」「ベイシック2軍マップ」です。

写真は自分がわかればいいので、必要以上に美しく撮ろうとしなくて大丈夫。チェキやポラロイドカメラをお持ちの方は、ぜひそれをお使いください。

スマホやデジタルカメラで撮影する場合は、3×5㎝程度の小さな写真にプリントアウトします。お手持ちのプリンターで、「インデックスプリント」という機能を使ってもいいでしょう。

または、セブンイレブンのSDカードやmicro SDを差し込んで分割プリントできるマルチコピー機を使用すると、簡単に、きれいで小さい写真を印刷することができます。

もちろん1枚1枚写真をプリントせずに、Excelなどの表計算ソフトを使って、最後に表を印刷するやり方もあります。

❖服は、1枚ずつ壁にかけて撮る

服の撮影は床などに置いて撮る「置き撮り」より、服をハンガーにかけて撮る「かけ撮り」がオススメです。

服は大きいので、床に置いて撮る場合、台などの上に乗って撮影することになってしまいます。さらに床に服を置くとシワを取りづらい上に、白い床の部屋でない限り、服の背景が暗い床の色になり、見づらい写真になってしまいます。

「かけ撮り」をするためには、まず家の中のできるだけ白っぽい壁を探して、そこに小さなフックを取り付けます。フックは「Xフック」という額を吊るすためのフックがおすすめです。小さいのでフックが目立たず、壁に目立つ跡がつきません。そのフックに、次々とハンガーにかけた服をかけていき、撮影しましょう。この方法なら、服の重みで服のシワが伸び、きれいに撮れます。

「マップを作ろう！」と意気込むあまり、先に何でもかんでも手持ち服の撮影を始めてしまう方がいるのですが、撮影は、あくまでしっかりと服の組分けができ、ベイシック1軍、2軍の服がしぼり込めてから。（P48〜79参照）

撮影する枚数は、ベイシック1軍と2軍合わせて40枚程度ですから、これなら1日で撮影できる量ではないでしょうか。

❖服の写真を紙に貼り、フォトマップを作る

撮影した写真は、B4程度の大きさの画用紙に、ボトムス、トップス、はおりものに分けて貼っていき、「ベイシック1軍マップ」と「ベイシック2軍マップ」を作ります。

写真を貼るときは、貼ってはがせるテープのりを使うといいでしょう。

貼る順番は、下からボトムス、トップス、はおりもの。

左から右に行くに従って、白っぽい服→黒っぽい服にすると見やすくなります。

写真を貼りながら気づいたことは、フォトマップにどんどん書き込みましょう。次のお買い物の参考になります。（P152〜155参照）

服は、「置き撮り」ではなく、
「かけ撮り」がベター。
白い壁にフックをつけて、
次々に服をかけて撮影していく。

B4程度の白い用紙に、
下から、ボトムス→トップス→はおりものの順番で写真を貼っていく。

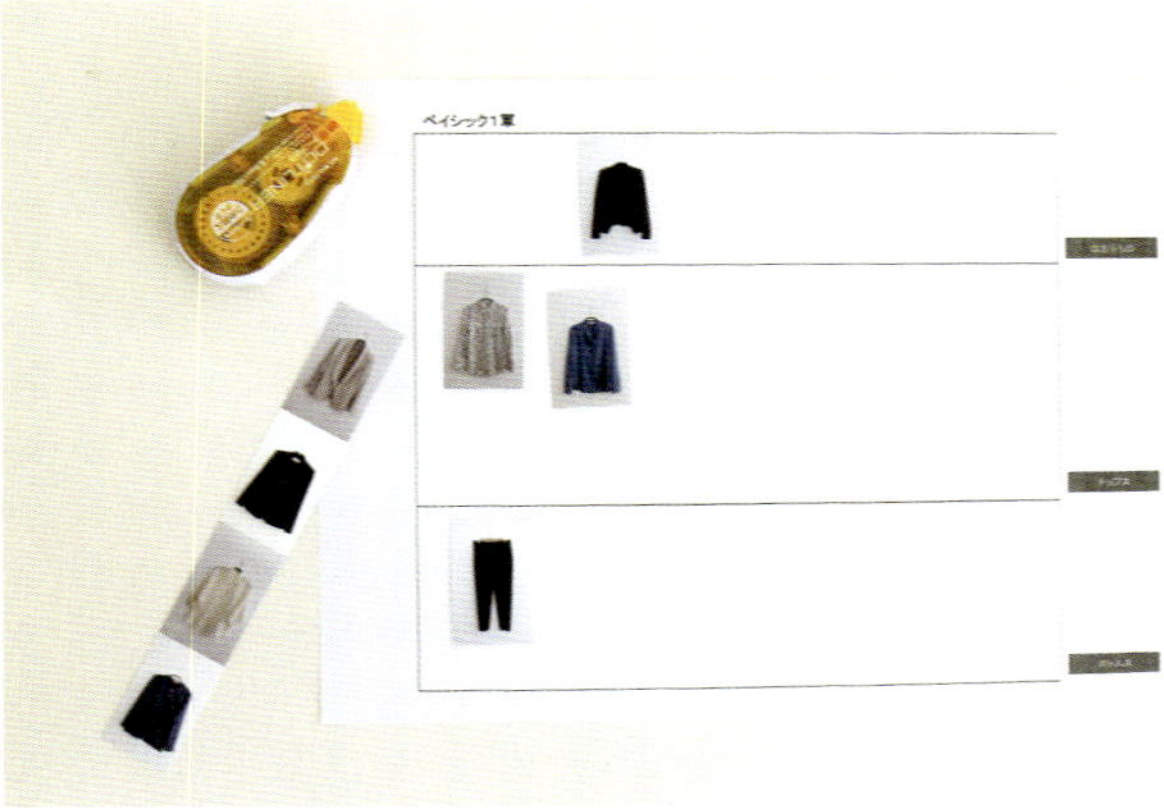

❖完成した「ベイシック1軍、2軍マップ」をクローゼットに見やすく貼る

クローゼットの扉の裏側などの見やすい場所に、B4クリアファイルを両面テープで固定し、その中にベイシック1軍、2軍マップを入れます。

こうしておくと、クローゼットの扉を開けるたびに、自分の着こなしの土台となる服の一覧表が目に入るので「これが私のスタイルだ」ということがしだいに頭にインプットされます。

そうすれば、「一見ベイシックに見えるけれど、実は私のベイシックではない服」を買わなくなります。

またこのベイシック1軍、2軍マップが手に取りやすい場所にあれば、新しく服を買ったり、逆に処分したりしたときも、すぐに写真を修正していくことができます。

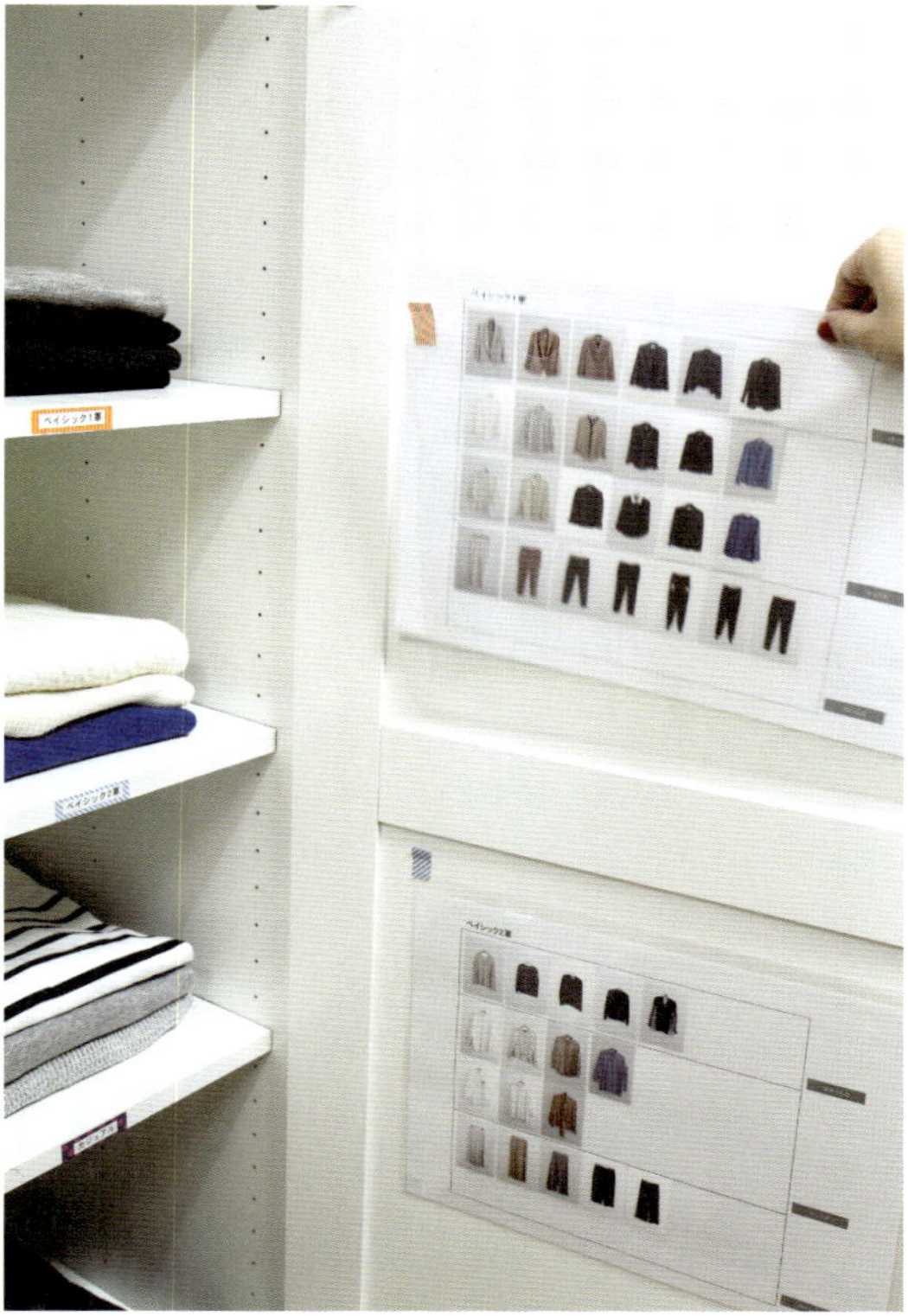

クローゼットの内側の見やすい場所にマップを貼る。
常に確認することで、だんだん自分のスタイルがわかってくるはず。

Step 16

[全エリア]

毎朝服に迷わなくなるクローゼット「三種の神器」

❖ 服の管理次第で迷う時間が短縮できる

P116で、ハンガーの目印や、たたむ収納時につける棚のラベルについてお伝えしましたが、これは非常に重要です。

というのも、今日着る服を考えるとき、イメージがわかない、コーディネートが決まらない、服を探し出せないなどの問題は、管理方法が原因であることが多いからです。

そして、こういった問題に直面するたびに、服選びが憂鬱になります。

服が見やすく選びやすい、そして管理しやすいクローゼットにするために、次の3つを備えておくと便利です。

1 全身が映る姿見

私の部屋のクローゼットの扉には、バレエスタジオのように大きな壁面鏡がついています。家を建てるときに、大工さんにお願いして作ってもらいました。

そのため、クローゼットを閉めて出かけようとすると、嫌でも全身が映ります。

この「嫌でも」目に入るというのがポイント。人間、クサイものにはフタをしがち。見たくないものは見なかったことに……となりがちですが、避けられない場所に鏡があれば、

「少し太った？」

「今日、胴長さんじゃない？」

なんていうことが、日々厳しい目でチェックできるわけです。(落ち込むこともしょっちゅうですが)

姿見は、傾斜をつけず、床に垂直に、全身をまっすぐ映し出してくれる角度で設置しましょう。そうでないと、バランスが歪むからです。理想は「壁面取り付け型」で

す。（ＩＫＥＡなどでも売っています）

服のお店の接客空間用の鏡は、最低でも１２０×１６０㎝といわれています。一般家庭にここまでの大きさは難しいかもしれませんが、できる限り大きい鏡を選びましょう。ついでに部屋が広く見えるというメリットもあります。

姿見を玄関に置いているお宅も見かけますが、できればクローゼットの近くに設置するのがベストです。なぜなら玄関で靴を履いてしまったあとに、

「バランスがイマイチ？」

と思っても、そこでまた靴を脱いで、クローゼットに戻り着替えるのが面倒になってしまうからです。

こうした全身の姿見があれば、鏡チェックなしで外出した挙句、街中のウィンドウに映った自分の姿を見て、一気にテンションが下がるなんていうことが避けられるはずです。

２ 服がすべらない、型くずれしないハンガー

クリーニング店のハンガーや、服の店にもらったハンガーなど、いろいろな種類のハンガーを使っていると、ハンガーのフック部分がからまって、服が取り出しにくくなることがありませんか？　とくに、クリーニング店のワイヤーハンガーは肩先がとがっているため、ニットなどはニョキッと飛び出たあとがついてしまうのでオススメできません。

服のお店では、売り場のハンガーは、ジャケット用、ブラウス用、ボトムス用と、アイテム別に同じハンガーを使っています。ハンガーの種類を統一するだけで、驚くほど服が整然として見えるからです。

服の状態を美しく保ってくれる優秀なハンガーをそろえましょう。

私はシャツ、ブラウス、ボトムスは、ドイツ・マワ社の「マワハンガー」、ジャケットは中田工芸株式会社の木製「ナカタハンガー」を愛用しています。（どちらもインターネットで購入できます）

「マワハンガー」のシャツ・ブラウス用は、服をかける本体部分がすべらない素材でコーティングされているため、やわらかい素材のブラウスやニットをかけてもすべり落ちにくくなっています。「ブラウスがない！」と思ったら、ハンガーから落ちてク

ドイツ・マワ社の「マワハンガー」。上はトップス用、下がボトムス用。
服がすべり落ちることがなく、クローゼット内のストレスを軽減してくれます。

ローゼットの隅に丸まっていた、なんてことを防ぐことができます。

ハンガー幅が40㎝あり、肩のラインのカーブが、肩線にそって肩から袖までしっかりサポートするので、服が型くずれしないのも特徴です。

ボトムスも、同じマワハンガーのクリップ型を使っています。かさばらず、はさんだ部分に跡がつかない優れものです。

3 用途別ブラシ3種類

一日中着た服は、ヒップに敷かれたり、ショルダーバッグにこすれたりして、毛並みが乱れ、繊維の表面にほこりやよごれもついています。

服は、クリーニングにしょっちゅう出すよりも、着るたびに、クローゼットに戻す前に、ささっとブラシをかけてあげるだけで、肌触りやツヤが長持ちするようになります。次の3種類をそろえましょう。

❶ ほこりやよごれを取り、毛並みを整える仕上げブラシ

❷ 毛玉とりブラシ

❸ 糸くずをとるブラシ

とくに❶❷は静電気の起きにくい天然獣毛ブラシがおすすめです。

❷の「毛玉とりブラシ」は、電動式のシェーバータイプより、ブラシタイプがオス

（右）
浅草アートブラシ
の「毛玉とりブラシ」
服を痛めずに毛玉をとる
ことができます
（左）
仕上げブラシ

スメです。シェーバータイプは、芝刈り機のように、毛玉の繊維をカットするついでにニットの編み地も傷つけていくので、表面を傷め、生地が薄くなってしまいます。

私は「浅草アートブラシ」の毛玉とりブラシを愛用しています。職人さんの手作りで、ブラシ部分は硬い猪の毛で作られています。毛玉がとりやすく服を傷めることがありません。

カシミヤなどのデリケートな素材ほど、毛玉はできやすいものです。毛玉のついた服は、あとでまとめて取ろうと思っても、つい面倒で後回しにしがちですが、掃除と同じで、大掛かりなメンテナンスより、ちょこちょこやるほうが効果的です。

服を脱いでハンガーに戻す前にブラシをかける！

これを習慣にしてしまえば、毛玉のつき方や傷み方が驚くほど違います。

着たいときに、その服が着られない状態だと、おしゃれは制限されます。

そのようなことをなくすために、服を迷子にさせず、型くずれしていないきれいな状態で保管しましょう。優れた道具は、おしゃれの味方です。

Step 17

［全エリア］

服の収納は「ハンガーがけ」と「たたみ置き」が基本

❖ 服をタンスの引き出しにしまってはいけない

衣類を引き出しにしまっているのは呉服店だけ。もし洋服のお店で商品がタンスの引き出しにしまわれていたら、下のほうの服が見えないし、取り出すときには掘り出すようにしなければなりませんよね。また、洋服をタンスの引き出しにしまうと、シャツにシワがよったり、上に乗せた服の重さで下の服の毛が寝てしまったりします。タンスの引き出しには、下着や靴下類、季節外れの衣類を収納しましょう。

服をハンガーにかけるときは、ハンガーのフックを左向きにして、ハンガーラックから服を取り出したとき、服の前身ごろが見える向きにかけましょう。

逆向きにかかっていると、服を取り出したときに服の背中側が見えていることになり、いちいちハンガーをくるっと引っくりかえさなくてはいけません。そうすると、その分洋服選びに時間がかかってしまいます。

並べ方は、左から右へ。シャツ、ジャケット、スカート、パンツ……とハンガーにかけたい服をアイテム別に分けたら、白っぽく明るい色は左に、右に行くにしたがい暗い色になるように並べます。また一番短い丈の服は左に、右に行くにしたがって、長い丈の服を並べます。

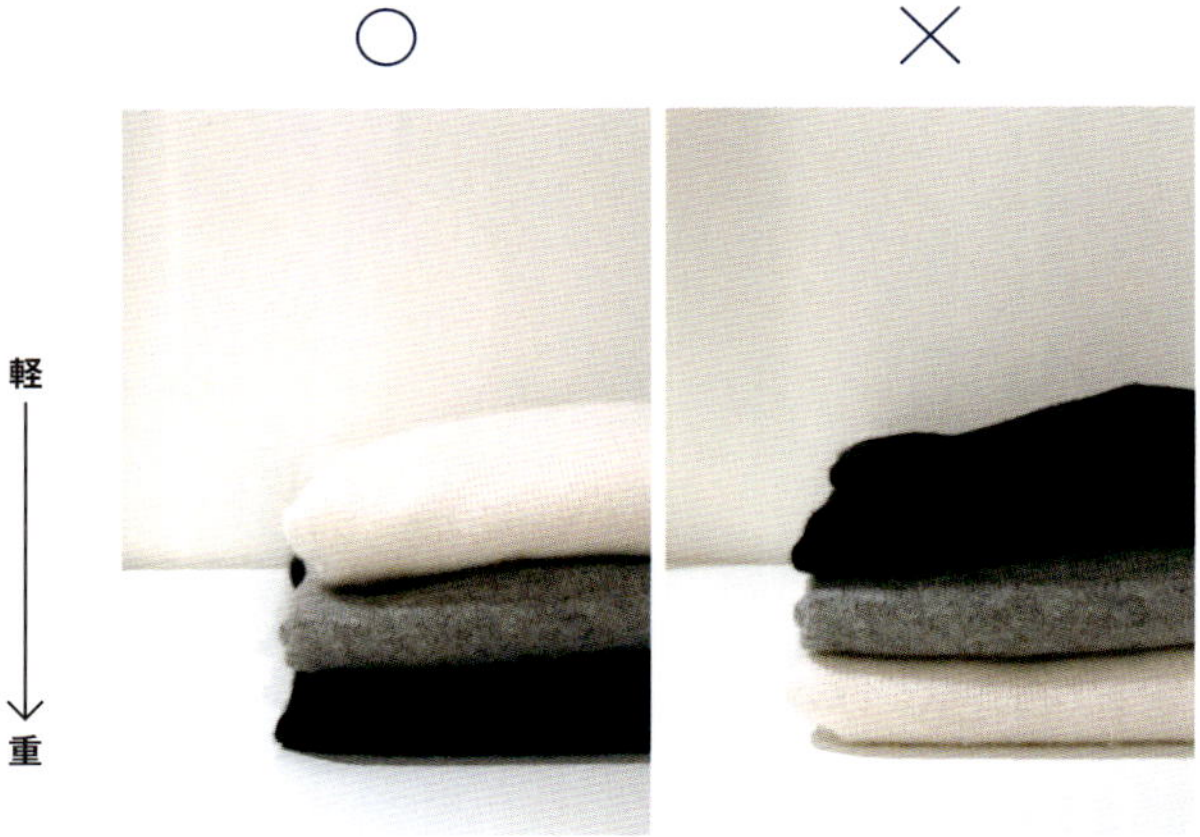

服の側面が見える「たたみ置き」

ハンガーにかけると伸びてしまうニット類は、たたんで収納するのが基本ですが、その場合、扉のない本棚のような棚に、たたんだ服を数枚重ねて収納するのが理想です。

服を重ねすぎると山がくずれるので、重ねるのは多くても5枚以内にします。

このとき一番上が白っぽいもの、下に行くにしたがい黒っぽいものになるように重ねます。こうすると服が見やすく、取り出しやすくなります。人間の目は、薄い色を軽く感じ、濃い色は重く感じるために、黒っぽい服が上にあると不安定に見えてしまうからです。

また、服の形やボリュームによって、たたむ幅を変えるのもポイントです。

- Tシャツ、タンクトップ＝約20㎝
- 薄手のニット＝約25㎝（A４用紙１枚を入れてたたむ大きさ）
- 厚手のニット＝約35㎝

というふうに、かさばるものほど横幅を大きくしてたたみます。

クローゼットの扉を開けたとき、今の時期に着るすべての服の側面が見えていることが重要です。服を一目で把握し、着ない服をなくすことができます。

また、クローゼットをこのように整えておくと、見やすく探しやすいだけでなく、服が美しく見えるので、クローゼットを開けたときのワクワク感が違います。

毎日無感動にクローゼットの扉を開けるのと、

「ああ、お気に入りの私の服たち！」

と満ち足りた気持ちでクローゼットの扉を開けるのとでは、服を選ぶ気分からして雲泥の差。毎日幸せな気分で一日のスタートを切りたいものです。

Step 18

［靴・バッグ・アクセサリー］

靴、バッグ、アクセサリーは服の仲間として扱う

❖ 着こなしにバリエーションを出すお助けアイテム

靴、バッグ、アクセサリーに関しては、服ほど保管場所を取らないし、ある程度の量があることで着こなしのバリエーションが増えるので、個数に制限を設けるようなことはしません。

ただし、靴やバッグの保管場所は、できれば一カ所に集中させましょう。部屋のあちこちに分散させると、一部の靴やバッグしか活かせなくなります。

私の場合は、靴を下駄箱ではなく、室内のクローゼットに保管し、バッグと一緒に、あえて扉のない棚に「見せる収納」をしています。バッグと靴が大好きなので、毎日ベッドから眺めて眠りにつきたい（笑）という理由もありますが、こうしておくと、**服・靴・バッグが同じ場所にあってコーディネートを考えるのが楽だからです。**

汚れた靴を室内に持ち込みたくないので、毎回履いた後にささっと靴底をふき、スエードならブラシをかけ、革はやわらかい布でふくという一手間を、その都度こまめにかけられるようになります。かかとがすり減ってきたり、傷がついていたりすると目についてしかたないので、すぐにお直しの店に行くようにもなります。

玄関にしか靴を置けない場合は、靴の写真を撮って、クローゼットの扉に貼っておくのもおすすめです。

Step 19

[シーズンエリア]

シーズンオフの服をしまう

❖今は着ない真夏と真冬の服をしまう

今着ない服をいったんお休みさせる「真冬服と真夏服のシーズンエリア」を、クローゼットの中に作りましょう。

といっても、新たに収納スペースを設ける必要はありません。クローゼットの中で最も人間が手に取りやすい場所は、扉を開けた正面のハンガーラックや、目線の高さの棚などです。

ふだんはちょっと出し入れしづらいクローゼットの両端や、かがまないと取り出せない場所、手を伸ばさないと取れない場所をシーズンエリアとしましょう。

真夏物、真冬物を着る時期がきたら、今回3シーズンの服を仕分けしたように、並び替えてあげます。

衣替えは、半年に1回大がかりにやるものだと思われていますが、夏の初め、夏の終わり、冬の初め、冬の終わりの年4回に分けてちょこちょこやることで、余分な服がたまらず、また、1回の作業量は減るので楽になります。

また、私の場合は、1年中着られるよう、3シーズンもののジャケットやパンツは薄手のウール素材のものを選んでいます。

冬はこれらの3シーズンもののトップスの下に真冬用のタートルネックを着たりしているので、「真冬」と「真夏」だけの服は、実はそう多くありません。こうしておくと、ニット類やウールのコートなどの真冬セットを冬に出せばいいだけなので、衣替えがさらに楽になります。

クローゼットマップの法則

3

自分にとって最高のクローゼットに「育てる」

❖クローゼットは「自分らしさ」を育てる場所

ステップ19までで、クローゼットの中のすべての服の仕分けと収納が終わりました。

いかがでしたか。ちょっとたいへんな作業だったと思います。お疲れさまでした。

でも、今のあなたのクローゼットは、それほど服は捨てていないのに、以前より、ずっとすっきりしているのではないでしょうか。

すべての服が1～6のどれかの組に分類されて、かたまりでゾーン収納され、目印ハンガーでどの組の服が何枚あるかが一目でわかるはずです。

特に、ベイシック1軍、2軍マップと収納がリンクしているのが一番ニュートラルな状態です。

買い足さなければいけない服や、もう当分買うのはやめたほうがいい服も、見えてきませんか？

これから新しい服を買うときは、この６組の中のどの組に入るのかを考えてから買うのを習慣にしましょう。

そうすれば、ベイシック服が全然ないのに、柄やデザイン物ばかりを買ったり、反対に何にでも合わせやすいからと無難なベイシック服ばかりを漠然と買うといったこともなくなり、かたよりのないクローゼットに育てていけるはずです。

また、組ごとにハンガーの本数を決めてあれば、際限なく服が増えることもなくなります。

「クローゼットマップの法則」第３部では、最高のクローゼットに育てていくために、服の耐用年数や新たな買い足しについて、ステップごとにお伝えしていきます。

Step 20

［全エリア］

組別に服の「耐用年数」をチェック

❖ベイシックエリアの服の耐用年数は3年が目安

「服の寿命」について考えていきましょう。

ベイシック1軍、2軍のトップスとボトムスは、3年を目安に新調するといいでしょう。毎日肌に触れ、汗染みや袖口の傷みが起きやすいトップスや、ヒップの下でこすれるボトムスは消耗が激しいためです。

この2つの組の服は「買い足し」ではなく、必要に応じてこまめに「買い替え」するようにしましょう。ブランド品や価格の高いものである必要はありません。食べこぼしや汗染みがついたまま放置してある服がなく、いつもピシッとした状態で服がスタンバイされていれば、毎日悩むことなくクリーンでスタイルのある服を身につけることができるでしょう。

白シャツは定番と言いますが、10年前の白シャツと、今の白シャツとでは、形が全く違います。実は、「そろそろ古く見えるかな」と感じるスピードは、デザイン物よりベイシックな服のほうが早いのです。

ベイシック1軍、2軍のはおりものは直接肌に触れないので、もう少し長く5年程度を目安にしましょう。

3組の「カジュアル」服は耐久性のある素材が多いので、5〜10年が目安です。

ただし、流行のデザインのデニムだけは1年経つと古く見えます。また、真っ白なTシャツ類も、できれば黄ばむ前に、毎年夏前に買い替えておきたいところです。

❖靴やバッグは、良いものを長く大切に

靴の耐用年数は5〜10年です。毎日同じ靴を履かず、休ませながらお手入れして履けば、傷みは少ないと思います。

ただ、ベイシックなプレーントゥのハイヒールは、つま先のカーブ、ヒールの形などが、微妙に違ってきているはずなので、こちらは5年を目安にしましょう。

バッグの耐用年数は10年以上と言えます。

靴やバッグについては、5~10年使うとなれば、ある程度の予算をかけたほうがいいのではないでしょうか。「足元を見られる」と言いますが、ハイブランドを扱うお店やホテルなどのサービスに携わる人間は、靴、バッグ、腕時計で、その人のクラス感を判断することが多いものです。

服がファストファッションであっても、靴とバッグは質の良いものを持っている人と、服がブランド物であっても、靴とバッグがチープな人とでは、海外のホテルでは、あからさまに前者の人をていねいに扱う傾向があります。

大人の女性として扱われたいのなら、ここはきちんと予算をかけるべきです。高級ホテルでも、堂々としていられるくらいの靴とバッグは、持っておきたいところです。

［私の愛用回転アイテム］

白いシャツ
ベイシック1軍のボトムスすべてと相性のよい形。
PLAY Comme des Garçons

白い T シャツ
えりぐりの形と着丈の長さは秀逸。
(左) クルーネック半袖Tシャツ：PETIT BATEAU
(右) ファインドライTシャツ：MXP

着こなしにスパイスをきかせてくれるバッグ
チェーン使いがアクセント。
すべて Stella McCartney

黒のプレーントゥヒール
ベイシック1軍、2軍のパンツの型に合うスター選手。
Jimmy Choo

スタンダードなニット
毛玉やのびなどの痛みが少しでも出る前に季節ごとに回転させる。
エクストラファインメリノ：ユニクロ

Step 21

［全エリア］

クローゼットの服を点検しながら目を養う

❖服の耐用年数を決めると、3つの幸せが舞い込む

すべての服には寿命がありますが、その耐用年数を意識することで、いいことが3つあります。

1 全体の予算が立てやすい

半年間で服にかけられる予算が10万円の場合、ベイシック1軍と2軍の服が「足りていない」、または「買い替えが必要」な状態なら、その予算はここに集中すべきです。

逆にどのグループにも不足がない場合には、少し高級なアクセサリーやバッグに予算をかけてもいいのではないでしょうか。そうすれば、セールやポイントアップなどで、いらないものを買い、いつの間にか予算を使い果たしてしまうことなく、「こ

れを買ってよかった」と納得できるお金の使い方をすることができます。

2 服の値段をきちんと判断できるようになる

たとえば10万円のトレンチコートは、金額だけを見たら「高い!!」ですよね。でも3シーズン着られる素材の定番品を、真夏と真冬以外の8ヵ月間、週2回着たとしたら、着用回数は年間で約64回、10年着たら640回です。1回あたりの単価は156円です。上質なコートを着ているという自信と満足感が得られてこの単価であれば、十分元が取れます。

そう考えると、その年だけしか着られない特徴のあるデザインのトレンチコートは、とても割高なお買い物になってしまいます。また、1年で買い替えるデニムや白Tシャツは、どんなに品質が良くても高級品である必要はないでしょう。

つまり服の耐用年数を頭の片隅に入れておけば、

服のコスパ＝服の値段÷着る回数

で考えることができるようになるわけです。

3 「手放すルール」を設けることで、服を手放す罪悪感から解放される

たとえ食べこぼしのシミがとれないブラウスであっても、私たちは「ふだん着ならまだ着られる」と思ってしまいます。そしてまだ着られるものを捨てるというのは、気持ちの上でとても負担になります。だから「手放すルール」がないと、いつまでもタンスの隅に丸まっている着られない服がたまっていってしまうのです。

また、古い服を捨てるときには、

「いらない服ばかり買っちゃって、私ってセンスがないなあ」

と、選んだ自分を否定するような気持ちになることもあります。

しかし、「時代ずれ」したファッションは、世の中の変化にうとい人という印象を人から持たれてしまいます。


短いサイクルで繰り返されるトレンドの波に乗る必要はないですが、私たちは日々

ファッション以外にも、さまざまな情報にアンテナをはり、必要なものを取捨選択して、仕事や日常生活に活かしているわけで、「情報が更新され、適度に時代の空気感をまとっている」ことは、社会的な信用にもつながるのではないでしょうか。ですから、「手放すルール」で定期的に服を見直していくことが必要なのです。

「手放す」ことは「選択する」こと。

日々自分の皮膚のように身につける服を1点1点大切にして、手放すときには心から「ありがとう」と感謝できるような、そんなおつきあいをしていきたいものですね。

Step 22

［全エリア］

シーズンごとに行う棚卸し決算と断捨離横丁の供養

❖ 服の棚卸しでわかる着づらさの謎

私は年4回衣替えをします。そのときに行うのが服の「棚卸し決算」です。ベイシック1軍、2軍の服を買ったら、その都度写真を撮って1軍、2軍マップに追加するようにしていますが、この決算のときに、実際のクローゼットと照らし合わせながら、点検していきます。「よく着ている服」にシールを貼ったり、「いまひとつ活用できていない服」「急いで買い替えたい服」には、その服をあまり着ない理由や、その他気づいたことを、どんどん書き込んでいきます。

似たような色やデザインであっても、「少し着丈が長い」とか「レーヨンでシワになりやすい」など、着ない理由は小さな差であることが多いのです。**買うときに見過ごしてしまいそうな差に気づくことができれば、次からのお買い物にとても役立つ情報になります。**

CLOSET MAP

ベイシックエリア	バリエーションエリア
#1組 ベイシック1軍	#4組 おたのしみ
#2組 ベイシック2軍	#5組 ドレス
#3組 カジュアル	#6組 コート

ベイシック2軍の棚卸し決算！

[はおりもの]

白いニットがもう1枚欲しい

[トップス]

このシャツは大きすぎてあまり着ない
赤みがかったベージュは似合わないかも

[ボトムス]

足首丈のネイビーのワイドパンツに買い替える

★ よく着ている服

❖学びながら「断捨離」をしよう

また、服を処分する場合、あまり着ないで処分することになった服は、グループにかかわらずその服の写真を撮って1枚の紙にまとめて貼っておき、なぜあまり着なかったのか、理由をメモしておきましょう。

私はこの紙を1軍、2軍マップと一緒に保管し「断捨離横丁」と呼んでいます。こうすれば、次に服を買うときの貴重な情報として役立ちます。

このように定期的な決算をすることで、

- 早急に買い替え（買い足し）しなくてはならない服
- セールなどで余裕があれば買っておいてもいい服
- 買ってはダメな服

がくわしくわかるので、うっかり買って、後悔するということがなくなります。

［私の断捨離横丁］

まるで審判!?　グレーは
無地が大人っぽい

ポンチョの型は
シルエットが合わない

ロングカーディガンで
細リブはNG!

赤みブラウンは
私は合わせづらい

・裾がダブル
・ノータック
のワイドパンツは
あまり着なかった

コットンリブニット
細リブが肉を拾ってNG

Step 23

［全エリア］

「欲望画像」集めでゴールのある買い物をする

❖ 画像を集めて一言書きこむだけ

そもそも自分がどんなイメージの自分になりたいのかわからない、だから服が選べない、という方が少なくありません。

それを探っていくために、私は2種類の画像を集めることをおすすめしています。どちらもスマホで簡単にできる方法です。

ひとつは自分が目指したい女性やこんな雰囲気が好きというスタイリング写真を集める「イメージ画像集め」です。

「ピンタレスト」（気に入った画像をPinするだけで、スクラップブックのように画像が集められるツール：https://www.pinterest.jp）のアプリを使って簡単にでき、集めた画像はいつでもスマホで見ることができます。

アパレルでも、新しいブランドを立ち上げるときはイメージ画像を集め、マップ化します。ビジュアルを集めることで、目指したいファッションの雰囲気をしぼり込んでいくことができます。一般の方向けに開催されているファッションセミナーなどでもこの手法はよく用いられています。

ただ、これだけではただのイメージなので、「どんな服を買ったらいいのか」という具体的な情報には結びつきづらいのです。イメージ画像を集めた方に「具体的に、この写真のどこが好きだと思いますか？」とたずねると「……？」と考え込んでしまう方が多いものです。

ですから、私がもう一つおすすめしたいのは「欲望画像」集め。

服、靴、バッグ、アクセサリー、その他の小物を含め、近い将来にこんなコーディネートがしたいという具体的なアイテムがわかる写真を集めることです。

スマホの画像フォルダを作っておき、いいなと思う服やコーディネートの写真を見たらその都度画像保存するか、スクリーンショットを撮って保存しておくだけなので、どんどんたまります。

たとえば、左ページ上の2点は「こんな着こなしがしたい」と私が思った写真です。たまった画像をときどき見返しながら、文字を書き込めるアプリを使って、「具体的に欲しいアイテム」を書き込み、保存しておきます。画像のままにせず、必ずどんなアイテムなのかを文字にして残しておくのがポイントです。

私は手持ちのデニムに、次の4つのアイテムを加えたいと思いました。

❶ チェックのテーラードジャケット
❷ フロントジッパー付きの細身のシャツ、またはニット
❸ グリーンやイエローのパンチのきいた色のショートブーツ
❹ 2、3色のブロック配色のバッグ

ただし、この「具体的に欲しいアイテム」をワンシーズン内に、一気に買い集めることはしません。一度に買おうとすると、予算的に1点1点がチープなものになったり、妥協したものになりがちだからです。数年かけてゆっくりそろえていけばいいのです。

私の「欲望画像」

↓

GOAL!

←

［欲しいアイテム］

❶

❷

❸

シーズンのお買い物予算の中から、ベイシックエリアの買い替え分を引くと、残りの予算が「欲しいアイテム」に当てられる予算になります。

まずはクローゼットを見て、欲しいアイテムに似たような服がないか探します。

私の場合、❷は手持ちのノーカラーシャツがあったので、お買い物リストからは外します。

次に、❷以外のアイテムを買ったら、クローゼットマップのどの組に入るのかを考えます。私の場合、❶のチェックのテーラードジャケットを買ったら、ベイシック1軍のはおりものに加えられるので、きっと活躍回数が多くなると思いました。

その後、昨年9月に理想通りのブラウンのジャケットをお店で発見しましたが、予算オーバーだったので12月のセールまで待ってから買いました。

そして今年の8月に、グリーンのベルベットのブーツを見つけて海外通販で購入。今年はこの2つのアイテムに、配色の美しい手作りのスカーフバッグを合わせてコーディネートしています。来年にかけて、❹の2、3色配色のバッグを探すつもりです。

こんなふうにパズルのピースを少しずつ集めて完成させるように、理想のスタイリングという最終的なゴールを目指して時間をかけて完成していく。

これが単なるイメージビジュアルではない「欲望画像」の使い方です。

こうしていつも頭の片隅に目指すイメージがあれば、ただなんとなく行き当たりばったりで服を買ってばかりいて、枚数は多いのにちっとも素敵にならない、ということは起きません。

また、今年しか着られないトレンド物ばかりに予算を使ってしまうこともありません。数年かけて、選りすぐりの服を一着ずつ集める過程も楽しめますし、そんな服が詰まったクローゼットなら愛着もひとしおです。

あなたがもし夕飯にカレーライスを作りたいと思ったら、人参、ジャガイモ、玉ねぎ、肉を買い、料理を作りますよね。ただ漠然と美味しいものが食べたいと思って、スーパーをうろついて手当たり次第に食材を買っても、ゴールのイメージがなければ美味しい料理は完成しません。服のコーディネートも、これと同じではないでしょうか。

Step 24

［全エリア］

「欲しい服」と「必要な服」をトータルで考えて目指す姿に近づく

❖「クローゼットマップの法則」で自分のスタイルを育てる

必要な服を教えてくれる「クローゼットマップの法則」で整理されたクローゼット。

そして、欲しい服を教えてくれる「欲望画像」。

どちらも、あなたの生活を、快適に、心豊かにするために、必ずお役に立つと思います。

「クローゼットマップの法則」は、ひたすら服を整理整頓したり、フォトマップを作ることが目的ではなく、「おしゃれを維持する習慣」です。

家計簿をつけて、家計の状況を把握しておくのと同じこと。

もしも、自分の理想とクローゼットの中の服がずれていたら、その都度調整すればいいだけです。いつから始めても決して遅くはありませんし、また、いつが完成ということもありません。

女性は生きるステージが変わったら卒業する服もあれば、いらなくなる服もあります。仕事が変わったり、子どもが大きくなったり、住まい方が変わったり。もちろん体型の変化だってあり得ます。


人は成長し、環境は変わるものだから、自分とクローゼットの中身がかけ離れたものにならないように定期的に点検し、今の自分にふさわしい服を見極めることは、とても大切なことです。


そして自分自身の成長に合わせて進化するクローゼットが習慣になれば、きっと「自分なりのおしゃれ」は、大きく前進します。

私たちのクローゼットは、単なる収納場所ではありません。

私たちのスタイルをじっくりと育てる大切な場所なのです。

Column
［コラム］

そのスタイルには華がある？

複数の女性が出演するテレビドラマでは、主役は脇役よりも少し派手なファッションをしています。たとえば、姉妹役の３人が並んでポスター撮影をするとき、主役だけが一段派手な暖色×暖色コーデだったりします。また、大きなショーウィンドウの中の３体のマネキンに服を着せる場合も、見る人の目が「主役」に向くようにスタイリングするのが鉄則です。

何が言いたいかというと、パッと見たとき素敵に見えるものには、「アトラクティブポイント」、つまり「華」があるということです。

私がフラワーアレンジメントを学んでいたとき、でき上がった作品を見た先生から、
「あなたが何を言おうとしているか、さっぱりわからないわ」
とよく叱られました。

伸びやかな枝の魅力を伝えたいのか、どっしり豪華に咲いた芍薬の魅力を伝えたいのか。花にしろ、アートにしろ、ファッションにしろ、言いたいことが一目で伝わるような、訴えかけるポイントがあってこそ美しさは完成するのだと思います。

あなたの今日のファッションの、アトラクティブポイントはどこですか？

メイクをして、髪を整え、服、靴、アクセサリーを身につけたら、姿見に自分を映して、今日の着こなしの「華」となる部分について、実況中継してみてください。
「特にコメントなし」になってしまう日は、もしかしたらその日のコーデは、これという華がないのかもしれません。あるいは盛りすぎて、見どころがいくつもあり、主張がかち合って、かえって魅力が薄まっているのかもしれません。実況中継は自分のファッションを客観的に見る訓練になります。仕上げに姿見の前で、ぜひ試してみてください。

The Closet Map

Chapter

2

重力に逆らう「美シルエットの法則」

大人の女性は「ありのまま」は卒業
服で体を整え、目の錯覚を利用する

洋服を買うとき、服の何を見て自分に合うか合わないかを判断しますか？

「この色、顔映りがよさそう」とか「デザインが可愛い」など、色とデザインから先に決めるという方も、少なくないのではないでしょうか。

でも、大人女性は、色やデザインより、まずは「シルエット」。

つまり全体の輪郭にこだわりましょう。

他人は、少し引いた場所から人の全身を見ます。

細かいディティールよりも、全体の輪郭がその人の印象を大きく左右するのです。

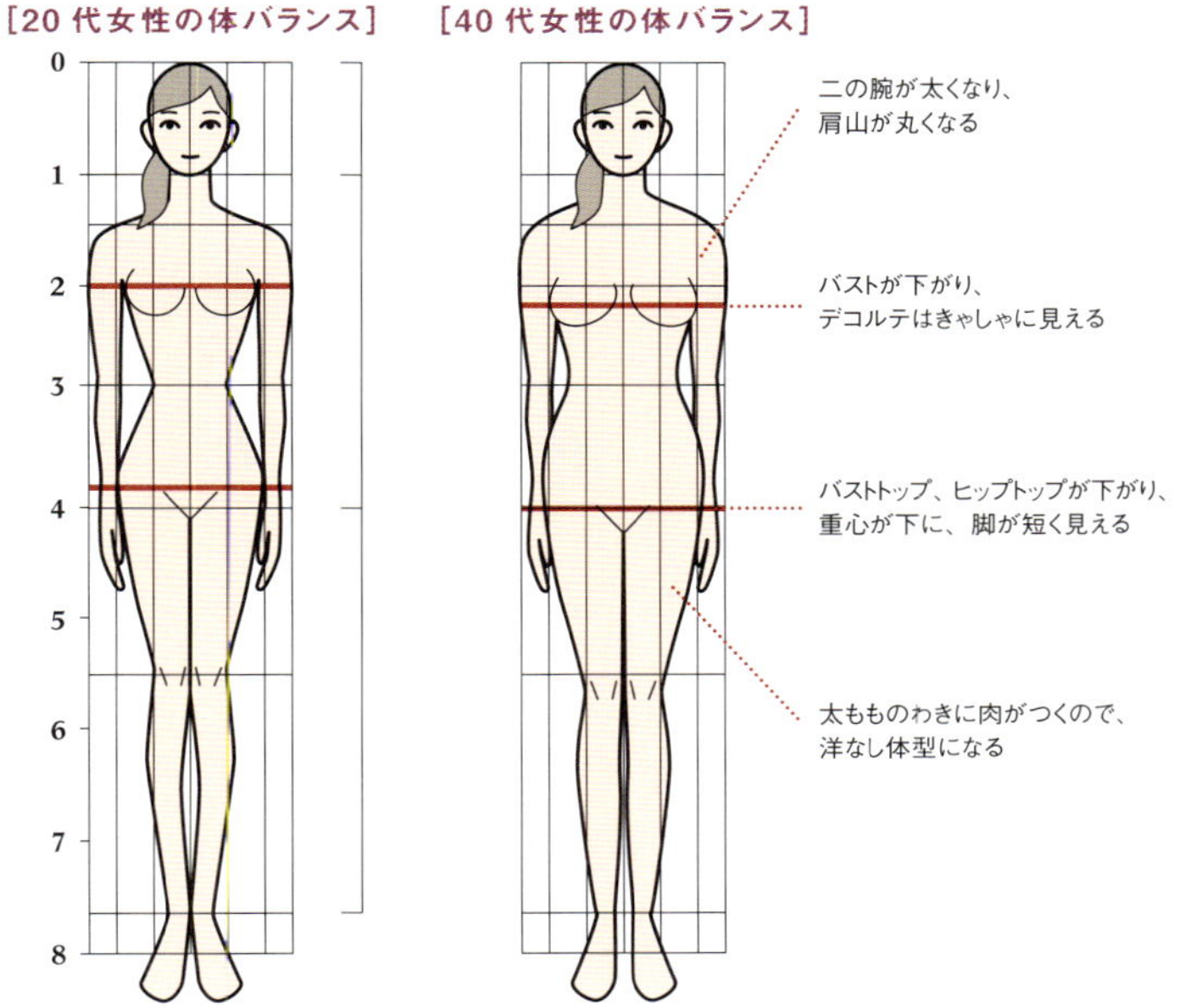
[20代女性の体バランス]
[40代女性の体バランス]
0
1
2
3
4
5
6
7
8
二の腕が太くなり、
肩山が丸くなる
バストが下がり、
デコルテはきゃしゃに見える
バストトップ、ヒップトップが下がり、
重心が下に、脚が短く見える
太もものわきに肉がつくので、
洋なし体型になる

❖大人女性共通の加齢の壁 重心が下がり丸くなる

ワコール人間科学研究所の調査によると、女性は加齢により、バスト、ヒップが下垂し、ウエスト、下腹部、ヒップ周りが太く、メリハリがなくなります。

この変化には個人差はありますが、残念ながら、誰もがみな同じ順序で変化していくものだそう。40歳を過ぎたあたりから、女性の体は上の図のような傾向に変化していきます。

加齢とともに進む「低重心」と「丸み」のせいで、脚が短く見え、メリハリが少なくボンヤリとした体つきとなり、下半身が大きくどっしり見える。これが、誰もがぶち当たる大人女性の壁なのです。「私、洋なし体型で……」という方がいらっしゃいますが、みんなそうなので安心してください。（笑）

ですから、私たち大人世代の女性が、若い頃以上に気を配らなくてはいけないのは、重心を引き上げ、輪郭をシャープに見せること。

一言で言うとこれに尽きます。

体型別に似合う服を解説している雑誌や本も、世の中にはたくさんあります。ですが、ぽっちゃりさんでも手足が長いとか、スリムだけど寸胴だとか、細かく見ていくと、一人ひとりの体型は異なります。

しかし、どんな体型の人であれ、女性が目指したい理想のプロポーションはひとつしかありません。すなわち、次のような体型です。

- 高い身長と長い手足
- 小さい頭と顔

- 長い首と細い肩
- くびれたウエスト
- 丸いヒップ

バービー人形を思い浮かべてみてくださいね。八頭身という概念は、西洋の芸術分野で、全身像を描くために、長い間人体のバランスを研究してきた結果導き出された普遍的な人体比率です。

ですから、どんな体型の人であれ、この理想のプロポーションバランスに、少しでも「着こなし」で近づくことができれば、スタイルは良く見えるわけです。

それを実現するためには、次の3つを満たす必要があります。

❶ パターンのいい服を
❷ 美しい「サイズ感」と
❸ 錯覚効果を意識したバランスのいい組み合わせで着る

それでは、一つずつ解説していきます。

1 「パターン」のいい服に体を整えてもらう

19世紀の中頃までヨーロッパの上流階級の女性は、コルセットでウエストを締め上げ、自分の体重と同じくらいの重さのペチコートをはき、大きくふくらませたスカートの裾を引きずって、理想のプロポーションに近づくための服を着ていました。

そのような歴史がある洋服というものは、着物のように布を体に合わせていくのではなく、体がきれいに見えるバランスで作られた服に、体を合わせることで、体型を補正する、という感覚が欠かせません。

では、体がきれいに見えるバランスで作られた服とは何でしょうか？

それはパターンのいい服です。

パターンのいい服は、体型補正力があります。

「パターン」というのは縫製用の型紙のことですが、ただの型紙ではありません。

布を縦横どちらの方向に使うときれいなドレープが出るのか、えりの開き具合、ウエストの位置、タックの位置や倒す方向、ダーツの位置や入れ方など、さまざまな要素が含まれていて、少しの差で服を着たときのシルエットは全く違います。

特にたくさんのパーツを複雑に縫い合わせて作るジャケットやコート類、縫い合わせた1枚の布だけでシルエットが決まってしまうワンピースは、その差が歴然です。

パターンのいい服は決して楽チンな服ではありませんが、着ると背筋がしゃんと伸びるような感じがします。着ただけで姿勢が良くなり、ウエストがキュッと引き締まって見えたり、すっきりと痩せて見えたりするはずです。

2 自分にぴったりの「サイズ感」で美しく着る

大人女性の中には小さめサイズの服を選ぶ方がときどき見受けられますが、「入った」と「合っている」は全く違います！

サイズが合わない服を着て、無理やり細く見せようとするのは逆効果。

お腹のあたりに横ジワが走り、タックやサイドポケットが開いていたりすると、かえって余分な肉が強調されてしまいます。

また、彼のシャツをぶかぶかに着て可愛いのも、20代まで。雑誌などで、時々メンズや子ども用の服を着るのを紹介しているのを見かけますが、女性サイズの服の中でどうしてもちょうどいい服が見つからない方以外は、大人の女性にはおすすめできません。なぜなら、メンズはメンズの体型サイズを想定して作られており、かっこよく着られると想定されている体そのものが違うからです。

また、40代以上向けのブランドは、20代向けのブランドよりも、腕周りや身幅にゆとりをもたせているのが普通です。各ブランドは「ヌードサイズ」（下着の状態で測ったスリーサイズ）というものを必ず設定していますので、**できるだけ自分の体に近いヌードサイズを想定したブランドの中から服を探すほうが、体を美しく見せる服にめぐり合う確率は高くなります。**

体型が人それぞれである限り、美しく見えるパターンやぴったりのサイズ感も百人百様。どの服なら正解というのはありません。とにかく試着あるのみです。

そして試着をしたら、全身を鏡で見て、1㎝も妥協せずにお直ししましょう。

3

背が高くすっきり着やせして見える「目の錯覚」効果の組み合わせ

最後は目の錯覚を利用！

たとえば、右図のAとBは合同な図形ですが、Bのほうが長く見えます。「フィック錯視」と呼ばれる目の錯覚です。左図は「バイカラー錯視」といって、色を横に分割するより縦に分割したほうが細長く見えるということを示した図です。

この2つの錯視効果を覚えて使うだけで、より背が高くすっきり着やせして見せることができるのです（これを利用したコーディネートは、P174〜211参照）。

ここから先は、大人の美シルエットを作る「バランスのいい組み合わせ」について紹介していきます。

［フィック錯視］

AとBは合同だが、
Bのほうが長く見える

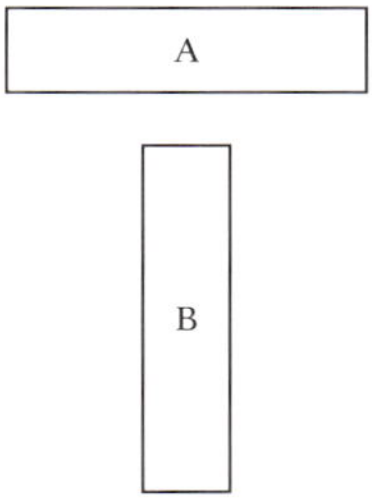

［バイカラー錯視］

色を横に分割するよりたてに
分割したほうが細長く見える

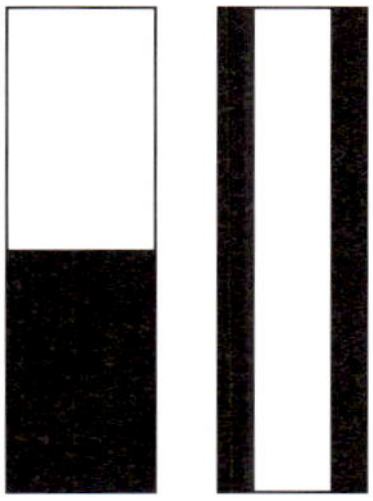

Style 01

[すっきり着やせして見える]

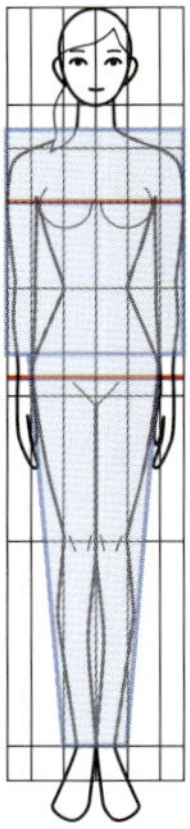

上下似た色合わせで身長アップ

実現アイテム

上下セットアップ／スーツ／オールインワン／ワンピース
似た色のトップスとボトムス

ブラウス：Stella McCartney
デニム：CINOH
シューズ：Maison de Reefur
バッグ：Mika Sarolea

ジャケット：Acne Studios
ワンピース：ZARA
シューズ：Jimmy Choo

トップスとボトムスの色が一続きだと、縦に長い線が生まれ、背が高く見えます。セットアップでなくても、トップスとボトムスが似たような色なら、セットアップ的に組み合わせることもできます。ベイシック1軍、2軍の中に、一組セットアップになるものがあると便利です。

スーツ、ブラウス、バッグ：すべてStella McCartney　シューズ：Jimmy Choo　スカーフ：HERMES

Style 02

［すっきり着やせして見える］

「デニムオンデニム」はブルーのスーツ

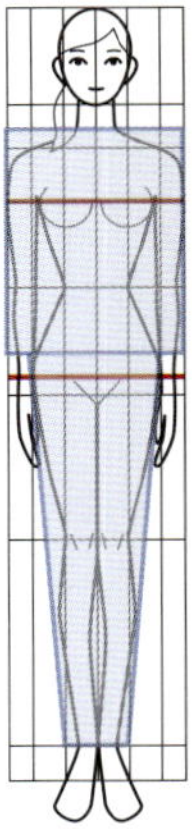

実現アイテム

デニム・ダンガリー・シャンブレーシャツ／Gジャン／デニム

デニムシャツ：Deuxieme Classe
デニムパンツ：ZARA
シューズ：Banana Republic
バッグ：Stella McCartney

スーツやワンピースだとおしゃれしすぎというときは、前項の Style1 のアレンジとして、「デニムオンデニム」をおすすめします。デニムは合わせるものによってはカジュアルすぎてしまうこともありますが、上下似た色のデニムを着ると、意外な大人っぽさが生まれます。コツは、濃い色のデニムオンデニムには白を加えて明るさを出し、薄い色のデニムには黒やネイビーなどの濃い色を入れて引き締めることです。

デニムトップス、パンツ、シューズ：すべて Stella McCartney

Style 03

［すっきり着やせして見える］

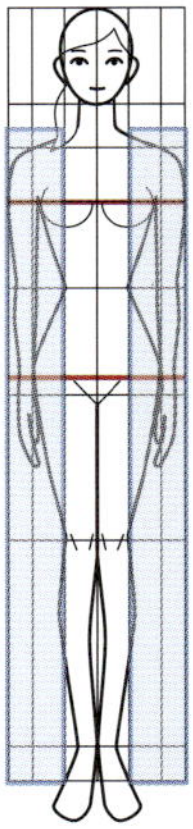

はおったら
ボタンはとめない

実現アイテム

**前開きニットカーディガン／前開きシャツ／ジレ／
ジャケット／ブルゾン／コート**

ジャケット：Deuxieme Classe
シャツ：Stella McCartney
デニム：Levi's
シューズ：PELLICO
バッグ：STYLE RECIPE MARKET

カーディガン：Deuxieme Classe
シャツ：PLAY COMME des GARCONS
パンツ：Spick & Span
スニーカー：Saint Laurent
バッグ：Stella McCartney

トレンチコート：Deuxieme Classe
ブラウス：H&M
デニム：ZARA
シューズ：Jimmy Choo
バッグ：JW Anderson

ニットなら、カーディガンタイプを選ぶと、「開ける」「閉じる」の２通りの着方ができる上に、前を開けて中を見せると縦長効果が生まれます。
ジャケットやシャツ、ジレなどでも、前開きのはおりものなら同じ効果が得られます。

カーディガン：sacai　パンツ：Whim Gazette バッグ：Jimmy Choo

Style 04

［すっきり着やせして見える］

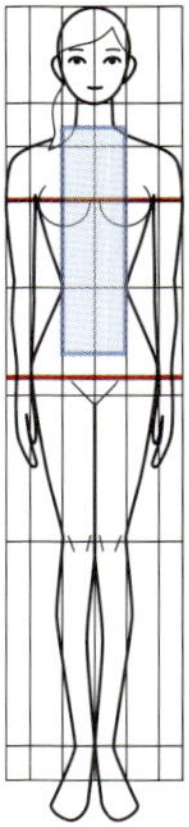

「ほっそり」を作る縦長ぶら下げ

実現アイテム

縦長のストールやマフラー／ロングネックレス／下がるタイプのピアスやイヤリング／ボウタイ付きブラウス

サングラスで視線を集める

ボウタイでスラリと長く

ジッパー付きで縦長効果

マフラーやストール類はさまざまな巻き方がありますが、さらりと長く首にかけるだけでも、縦ラインが作れます。他にも体の前面に長く下がるネックレス類、ボウタイ付きや縦ジッパーのブラウスなど、デザインポイントが縦長な形のものも同様です。顔の横にくるピアスやイヤリングも、横長より縦長の形を選ぶと、顔がほっそり見えます。

(左) ブラウス：ZARA　デニム：Levi's　シューズ：Church's
(右) カーディガン：Acne Studios　パンツ：Spick & Span　ストール：STYLE RECIPE MARKET

Style 05

［すっきり着やせして見える］

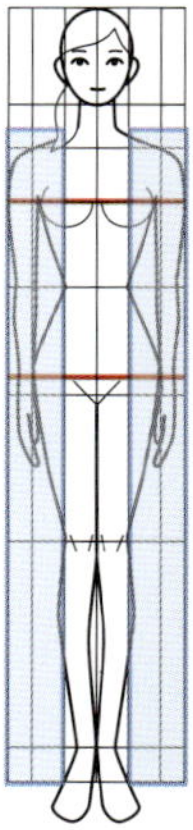

Iライン
二人ばおり

実現アイテム

ロングコート／ロングジレ／
ロングカーディガン／ロングシャツ

シャツ：Whim Gazette
ニット：ユニクロ
デニム：Acne Studios
シューズ：Stella McCartney
バッグ：Saint Laurent

ロングシャツ、ニット、
スカート：すべてAP STUDIO
シューズ：Robert Clergerie
バッグ：Jimmy Choo
帽子：BEAMS

インナーに縦長のIラインを作り、さらにその上に縦長のIラインを重ねることで、より縦長ラインを強調できます。ふくよかなタイプの方は、一番外側のはおりものをニットやもこもこした起毛素材にせず、「布」にすると、体の輪郭が着物のように直線ラインで囲まれるので、すっきり見えます。

シャツ、パンツ：ともに1er Arrondissement　トレンチコート：Acne Studios

Style 06

［すっきり着やせして見える］

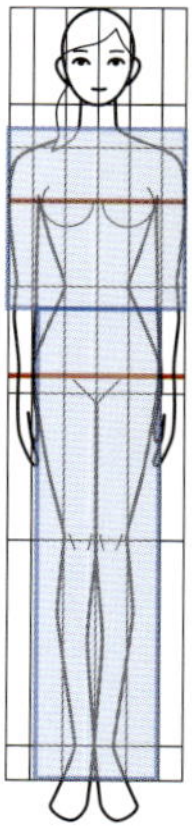

ボトムス：トップス＝5：5はNG

実現アイテム

コンパクトトップス＆フレアスカート・ワイドパンツ／ゆったりニット＆タイトスカート

ニット、カーディガン
：ともにユニクロ
スカート：H&M
シューズ：Church's

ニット：AP STUDIO
スカート：ZARA
シューズ：Jimmy Choo
バッグ：STYLE RECIPE MARKET

Ｉラインというと、細いシルエットの服どうしを合わせればいいと思いがちですが、たとえば細身のＹシャツとひざ丈タイトスカートの組み合わせは、きちんとはしていますが、リクルートスーツのようで、やや堅苦しい感じがします。ボトムスをワイドパンツにしたら、トップスはコンパクトに短く、ボトムスをタイトスカートにしたら、ゆったりめのニットを着るなど、上下に多少の強弱をつけてあげるのがコツです。

シャツ：GU　パンツ：Whim Gazette　バッグ：Dries Van Noten

Style 07

［すっきり着やせして見える］

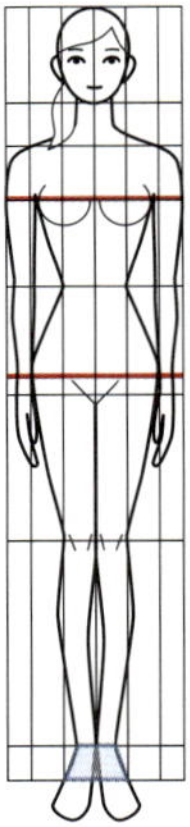

足の「甲」も脚のうち

実現アイテム

足の甲部分の肌が大きく見える靴／ハイヒール／バレエシューズ

ライダースジャケット
：Acne Studios
シャツ：Shinzone
シューズ：PELLICO

靴はサンダルやハイヒールなどの中でも、できるだけ足の甲がたくさん見えるものを選び、「甲まで脚」だと錯覚させて脚の長さをかせぎましょう。またせっかく足の甲を見せても、足首に太いベルトがついたデザインは、「そこで脚が終わり！」と線を引いてしまっているように見えてもったいないもの。ストラップ付きなら、できるだけ細くきゃしゃなタイプを選びましょう。脚の形が目立つパンツやスカート、大きめのトップスやチュニック丈を着る場合に、とくに気をつけたいポイントです。

ブラウス：EQUIPMENT　デニム：Levi's　シューズ：Banana Republic　バッグ：JW Anderson

Style 08

[重心を上に引き上げる]

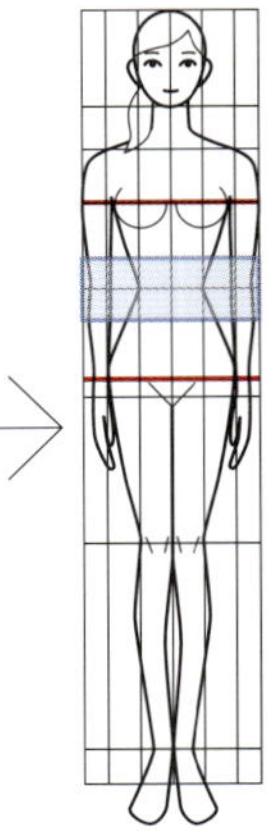

ウエストは隠さず ベルトで見せる

実現アイテム

ベルト

ジャケット、パンツ
：ともにStella McCartney
ニット：ユニクロ
肩がけTシャツ
：COMME des GARCONS
シューズ：Church's

ウエスト位置をはっきりさせたいとき、一番手軽なのはベルトをすることです。パンツやスカートを買うとき、迷ったらベルト通しのついたものを選んでおきましょう。細いベルトでもウエスト位置が見えるだけで、格段にスタイルアップします。ベルトは小面積ですが、体の真ん中なので、意外に目立ちます。私はある程度の質のものを、セールを利用して買うようにしています。

ワンピース：Whim Gazette
ベルト：GU

Style 09

［重心を上に引き上げる］

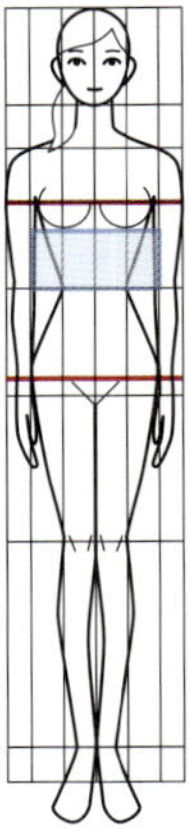

リアルウエストより ハイウエスト

実現アイテム

ハイウエストパンツ、スカート／太めのベルト

シャツ
：PLAY COMME des GARCONS
デニム：Stella McCartney
スニーカー：Saint Laurent

ハイウエストは重心を引き上げ、脚長シルエットを作ってくれる強い味方。ウエストベルトがウエストより上・みぞおちの下くらいから始まるものや、ウエストベルトが幅広のものなどは、実際のウエスト位置より「見た目ウエスト」が引き上がるので、大人はぜひ活用したいアイテムです。

太めのベルトを使えば、普通のウエスト位置のスカートやパンツを、ハイウエストのように見せることもできます。ベルトは服になじむ色やしなやかな素材を用いると、取り入れやすいです。

ブラウス：THE PARLOR　パンツ：STUNNING LURE

Style 10

[重心がどこかわからなくする]

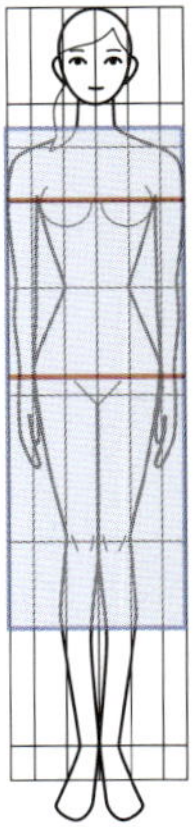

いっそのこと
ウエストを消す

実現アイテム

ロングシャツ／ロング丈のワンピース／スリップドレス／オールインワン／ジャンパースカート

ワンピース
; Maison Margiela
シューズ：Jimmy Choo
バッグ：Valentino

シャツ：EQUIPMENT
スリップドレス：Acne Studios
シューズ：PELLICO
バッグ：Stella McCartney

バスト・ウエスト・ヒップにあまり差がない、寸胴型のふくよかさんの着こなしでよく見かけるのが、ひざ丈のチュニックに7分丈パンツやレギンスなどの細いボトムスという組み合わせですが、大きな上半身と細い下半身の対比が生まれ、上半身の大きさがかえって強調されてしまいます。

隠したい場所だけ隠すのをやめ、ロングシャツやワンピースなどで全身を一続きのロングIラインにしましょう。体の線を拾いすぎるニットは避けます。パンツなら、細すぎず、足首が出るものがおすすめ。

シャツワンピース、パンツ：ともにAP STUDIO

Style **11**

［重心がどこかわからなくする］

とろみで見せる

実現アイテム　**とろみチュニック**

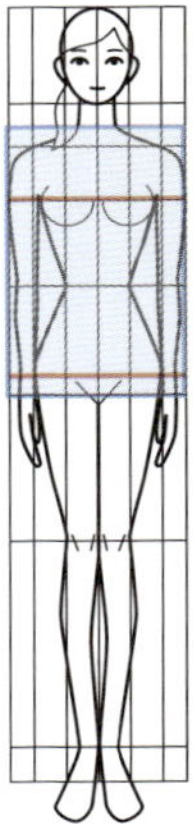

上下セットアップで縦ラインを強調します。また「イレギュラーヘム」といい、トップスの裾線が斜めやジグザグ、後ろが前よりちょっと長いなどの動きのあるデザインを選ぶと、お腹やヒップ周りが目立ちません。大事なのは素材感やパターンで、横にピンと張る素材を避け、下へと自然なドレープが出るものを選ぶと、縦へと目線が流れます。

チュニック、パンツ：ともにENFOLD　バッグ：STYLE RECIPE MARKET

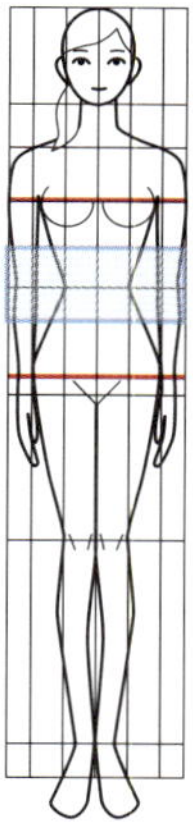

Style 12

[重心を上に引き上げる]

ふんわりしぼる

実現アイテム　**ふんわりチュニック**

チュニック丈ブラウスを１枚で着たい場合は、サイドにスリットが入っているタイプを選ぶと、そこから脚が見えるので、横から見たときにバランスが悪く見えません。シャツと同色で似たような素材の布のひもや、手芸店や１００円ショップで買えるグログランリボンなどでふわりとウエストをしぼると、ウエスト位置を示すことができ、脚が長く見えます。

シャツ：1er Arrondissement　パンツ：AP STUDIO　シューズ：Jimmy Choo

Style 13

［重心を上に引き上げる］

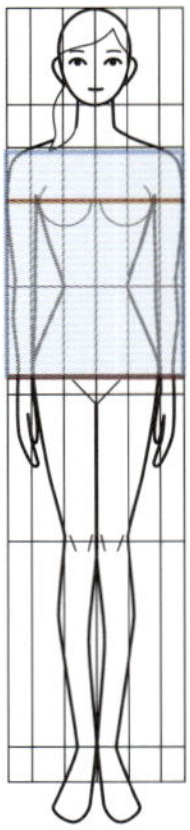

ヒップ隠して重ね着ウエストアップ

実現アイテム

チュニック丈のシャツ／ウエスト丈のはおりもの

シャツ：Deuxieme Classe
ニット：Acne Studios
パンツ：Stella McCartney
シューズ：Church's
バッグ：Jimmy Choo

ブラウスの上に、ウエスト丈のライダースを重ねています。ブラウス1枚だとウエスト位置が下がって見えますが、その上にはおったライダースの裾がウエスト位置を示すので、バランスが良くなります。

はおるものはジャケットでもカーディガンでもかまいません。チュニック丈のシャツやブラウスの裾と、上にはおるものの長さに、はっきりとした段差をつけるのがポイントです。

ライダースジャケット：Acne Studios　シャツ：1er Arrondissement　デニム：Levi's　シューズ：Jimmy Choo

Style 14

[首を長く見せる]

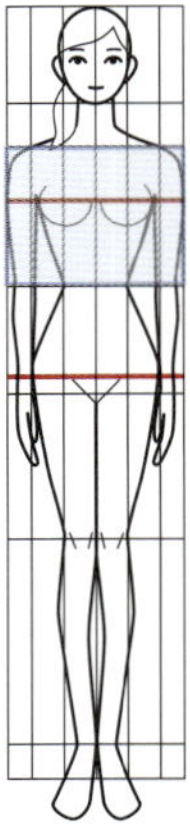

鎖骨を見せて品よく着やせ

実現アイテム

V ネックニット

ニット：COS
スカート：Deuxieme Classe
シューズ：PELLICO
バッグ：Saint Laurent

　バストトップが下がる大人女性。そのぶん鎖骨付近が痩せてくる方が多いので、品を保ちつつVネックでデコルテを見せたほうが、首が長く見えて顔周りがすっきりします。
　私は丸顔カバーのために、Vネックのユニクロの定番「エクストラファインメリノセーター」や「コットンカシミヤ」を愛用しています。

ニット：ユニクロ　スカート：STUNNING LURE　シューズ：Jimmy Choo

Style 15

[すっきり着やせして見える]

外側シャツでパリッとシャキッと

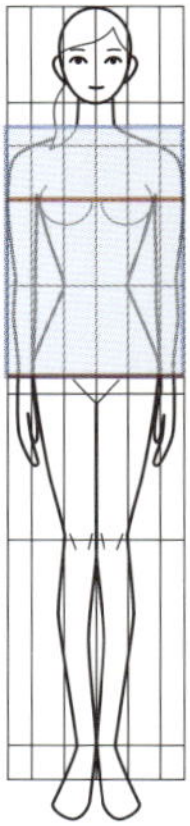

実現アイテム

シャツ

シャツ、パンツ
：ともに1er Arrondissement
シューズ、バッグ
：ともにStella McCartney

私自身、若い頃は動きやすいニットを着ることが多かったのですが、体のラインがポヨンとしてきたなと感じ始めた頃から、シャツの力を実感するようになりました。今では少しでもシャープな輪郭になるように、なるべく「一番外側はシャツかジャケット」にしています。シャツはまた、第1ボタンまで全部閉めたり、第2ボタンまで大きく開けたり、前ボタンを全部開けてはおったりと、何通りもの着方ができるのも魅力。

ロングシャツ：ZARA

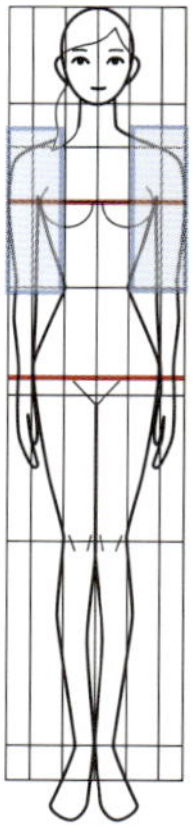

Style 16

[顔を小さく見せる]

小顔になれる セレブ肩がけ

海外モデルの着こなしを見ると、ジャケットやコートの袖をわざと通さず、肩からふわりとかけているのをよく見かけます。これは、肩がけすると、一回り肩が大きく見えるので、対比効果で頭が小さく見えて、八頭身に近づくというテクニックです。

ライダースジャケット：Acne Studios　ブラウス、スカート：ともにH&M

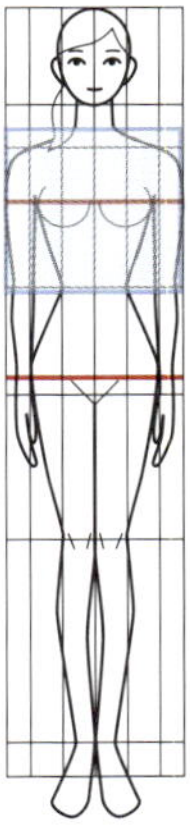

Style **17**

[体を細くきゃしゃに見せる]

元気でも
ニットの肩は落とす

「ドロップショルダー」とは、袖付けが肩の位置より低い位置の袖のこと。肩が横に張らず下に落ちるので、肩がきゃしゃに見え、二の腕の太い部分も隠れます。中に細い体が泳いでいるという雰囲気が出るよう、身ごろや袖がゆったりと大きめのものを選びましょう。下半身は自然なIラインになるよう、まっすぐで広がらないボトムスがおすすめ。

ニット、スカート：ともにAP STUDIO

Style 18

[体を細くきゃしゃに見せる]

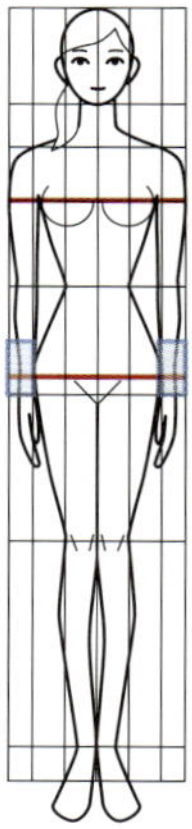

袖は大きく 手首は細く

実現アイテム

ラッパ型の袖

手首をきゃしゃに見せてくれる
デザイン袖

ブラウスやニット、カットソーの袖が、ラッパ型に広がっているデザインは、袖口幅の大きさに対して手首がきゃしゃに見え、腕まくりと同様の効果があります。デザインが可愛くなりすぎないように、袖口以外はシンプルなデザインでシックな色を選んだり、ボトムスや、ブレスレットなどの小物を辛口なもので引き締めたりすれば、甘くなりすぎません。

カットソー：Whim Gazette

Style 19

[体型の特徴をいかす]

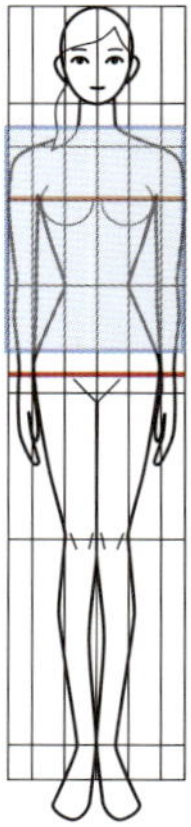

小柄さんは
上にポイント

小柄さんは、身長を高く見せるために、目線を上へと誘導したいので、上半身にインパクトのある色・柄や、特徴のあるデザイン、大きめのニットやシャツなどを持ってきて迫力を出します。ストールやスカーフなどもオススメです。そして、下半身はあまり目立たないようにスッキリまとめるのがポイントです。

Gジャン：ユニクロ　スカーフ：HERMES

Style 20

[体型の特徴をいかす]

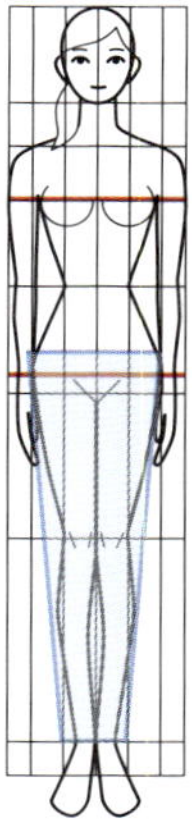

背高さんは
下にポイント

背高さんは目線を脚の長さに誘導したいので、下半身にインパクトのある色・柄や、特徴のあるデザインやワイドパンツなどを持ってきて、高い身長と脚長を強調します。私自身は背が高いので、P97を見ていただくとわかるように、色柄が派手なものやデザインに特徴のある服は、ボトムスに取り入れるようにしています。

ジャケット、パンツ：ともにStella McCartney　ニット：ユニクロ　サンダル：Banana Republic

Style 21

［頭をコンパクトにしてバランスをとる］

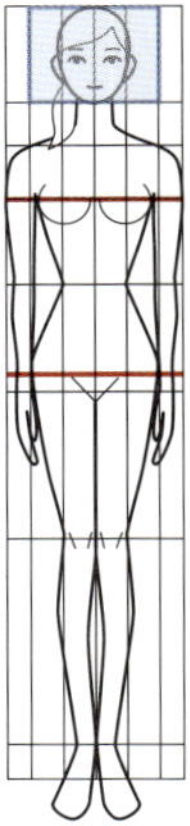

ヘアスタイルは料理の器、サングラス、帽子は仕上げのトリュフ

実現アイテム

帽子／サングラス

帽子

汚れを気にして、つい黒っぽい帽子ばかり買ってしまいがちですが、せっかく頭部に色をのせるなら、2つめは頭を軽くする色を。意外と、登場頻度高く使えます。

左から、BEAMS、override、CA4LA

サングラス

大人だからこそ、のアイテム。レンズやフレームが黒、茶のものを選ぶと引き締め効果があるので、顔のサイズに合うものをかければ、即小顔効果が。

上から　GUCCI、Persol、PRADA、MOSCOT

ヘアスタイルは
可能な限りコンパクトに

髪を肩より上の長さにカットするか、まとめ髪を作り後頭部に膨らみを持たせると、スタイルアップ効果は抜群! 劇的に全身バランスが良くなります。

海外セレブスナップが素敵に見える要因のひとつは、髪の色が明るいから。頭が重たく見えないのです。またロングヘアは、ツヤやボリュームが若い頃と同じでないと、かえって老化を目立たせてしまい、服は素敵なのになんだか垢抜けない寂しい印象になりがちなので、注意が必要です。

「全身鏡」で
バランスをチェックする

ヘアサロンや、サングラス、帽子の売り場には、なぜか上半身のみ映るサイズの鏡しか置かれていないことが多いものです。しかし、ヘアスタイルも、サングラスも、帽子も、全体の2割の印象を決めますから、服と同様、全身鏡でバランスをチェックして慎重に選びましょう。

Style 22

［ポイントをつくり視線を分散させる］

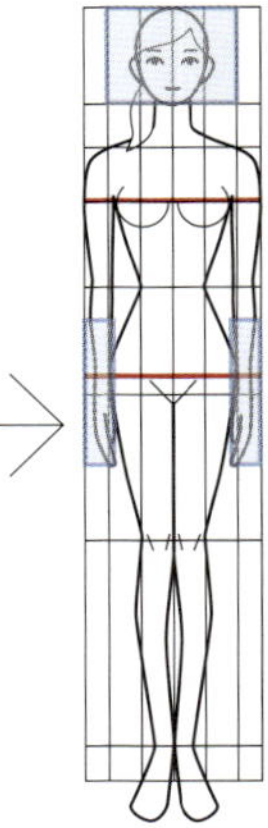

アクセサリーは遠くにつける

実現アイテム

ピアス／イヤリング／ブレスレット／リング／時計

大ぶりでモダンなデザインリング

手首の細さを演出してくれます。

左手中指：Fruits jolie
右手中指：HYKE

バングル（ブレスレット）やラージフェイスの時計

大きめの時計やバングルは、体から遠い場所にあるために、腕をスラリと長く見せる効果が。

40代を境に、なんとなくネックレスが似合わないと感じるようになりました。短いネックレスをするとまんまる顔が強調されるし、長いタイプでも、顔の近くにあると、どことなくうるさいように感じ始めたからです。そこで、いつも御守り代わりにつけている小さいクロスペンダント以外は、ネックレスをやめてみることにしました。その代わりに効果を実感したのが、長く下がるタイプのピアスと、存在感のあるバングル（ブレスレット）やラージフェイスの時計です。以前のアクセサリーがしっくりこないと思い始めたら、ぜひ体から遠い場所を試してみてください。

Column
［コラム］

髪が短くてイヤリングをつけていないのはおじさんだけ！？

「おじいさんだと思ったら、おばあさんだった！」という勘違いをした経験はありませんか？　赤ちゃんの性別の見分けがつきづらいように、年齢を重ねた男女もまた、遠目から見ると性別の差がわかりにくくなる傾向があるように思います。

私など、パンツやマニッシュなスタイルが大好きなので、主人と出かけていてふと「おじさんが２人歩いているように見えないか？」と心配になることがあります。

特に、髪をコンパクトにまとめたりショートにしたりしている方は、何はなくとも顔まわりが華やかになるイヤリングやピアスは必需品ではないでしょうか。

家中の財産を身につけているようなアクセサリーのつけすぎもしつこいですが、「つけなさすぎ」も寂しく見えて損な気がします。

インスタグラムなどで素敵な女性の写真を見ていると、「おしゃれだな」と感じる女性は、ほぼ例外なくイヤリングやピアスをしています。

服がトレンドの最先端でイヤリングなしの人と、服がベイシックでもキラリとイヤリングをつけている人とを比べると、後者のほうが素敵に見える。

なぜなら「行き届いた感」があるように見えるから。

「行き届いた感」の反対は「ガサツ感」でしょうか。身なりがガサツだと、振る舞いや言葉もガサツになってしまいそうです。

エレガントさや品の良さなどは、長い年月の上に育つもの。そして、服と違ってお金では買えないものです。日々のイヤリングの有無などという小さなことの積み重ねで、そうしたものに少しずつ近づけるのではないでしょうか。

The Closet Map

Chapter

3

誰でも色使いの達人になれる「3／4色法則」

「似合う色」探しは今日で終わり！色の「組み合わせ」と「配分」しだいでおしゃれになれる

「私、何色が似合いますか？」と聞かれることが多いのですが、私はそうした質問には、「ご自身が似合うと思う色、ピンとくる色」と答えることにしています。

「プロのカラー診断を受けたほうがいいでしょうか？」とも、よく質問されます。

いわゆる「パーソナルカラー診断」のようなものは、色のお勉強をするひとつのきっかけにはなるでしょう。でも心の奥底には、診断してもらわないと似合う色がわからないわけではなく、「この色は私に似合う色」とプロのお墨付きをもらい、自信を持ちたい、背中を押してほしいという気持ちがありませんか？

そもそも色というのは、たとえば同じ赤でも、素材がニットかコットンかによっても見え方は全く違うはずです。さらに、鏡の前で1枚1枚服を顔に当ててみれば、

「あっ、今顔がパッと明るくなった」
「この色はなんだか沈んで見える」
などと感じるものがありますよね。自分のその感覚を信じていいのです。

本当にわからなくて困っているのは、「似合う色」ではなく、「似合う色を上手に使ったコーディネート」ではないでしょうか。

いくらピンクが似合う方でも、クローゼットの中をすべてピンクにしたら、コーディネートに困ります。仮に「ブルーとイエローとグリーンとピンクが似合います」とプロのアドバイスをもらったとしても、何のルールもなしに似合う色を全部買っていたら、収拾がつかなくなりますね。いくらピンクが似合うと言われても、その色が流行中の色でない場合、どんなに探してもその色の服が売っていないということもあるでしょう。

コーディネートの色使いを考えるときに大切なのは、「似合う色」よりも、色の「組み合わせ」と「配分」なのです。

❖ 色を４つのグループに分けて考える

私が考えた**「３／４色法則」**では、左のように服の色を、

❶ 無彩色（Ⓜ）

❷ 順無彩色（Ⓙ）

❸ 暖色（Ⓓ）

❹ 寒色（Ⓚ）

の４つのグループに分けます。

（私のオリジナルの色分類なので、色彩の専門書の定義などとは異なります）

色について、くわしく説明していきます。

M 無彩色
[白、黒、グレー]

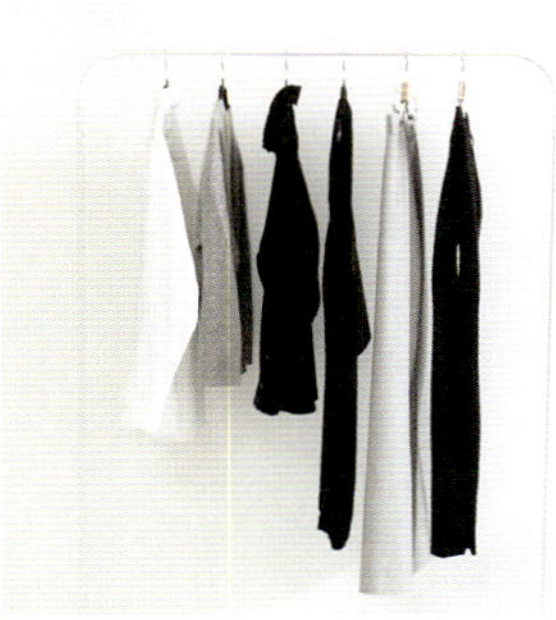

J 順無彩色
[紺、茶、ベージュ、カーキ]

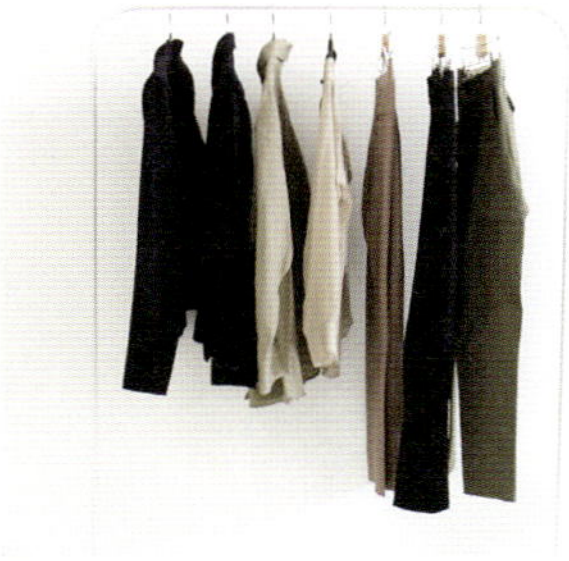

D 暖色
[赤、ピンク、オレンジ、黄色など]

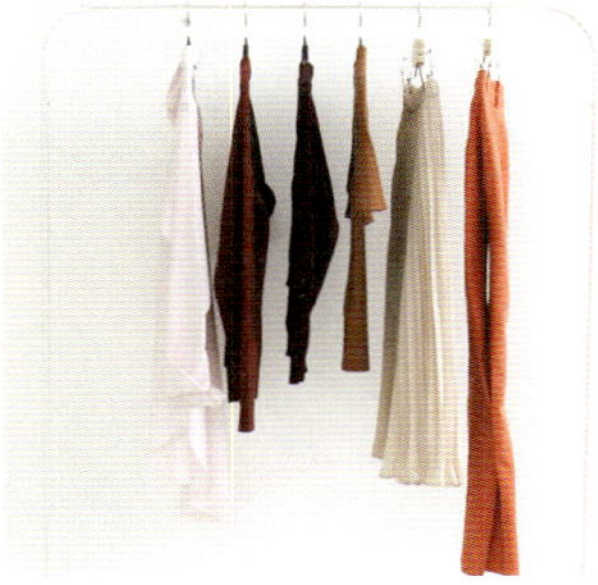

K 寒色
[青、緑、紫など]

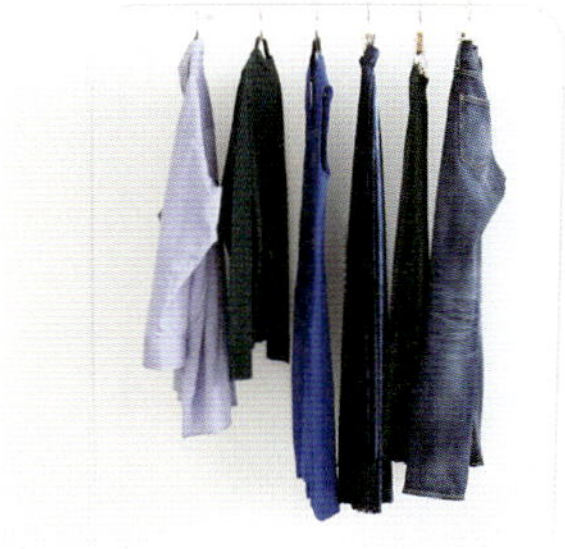

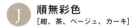

1 Ⓜ＝無彩色【白、黒、グレー】

いわゆるモノトーンのこと。白と黒、そして白と黒を混ぜ合わせたグレー。色味がない色なので、どんな色とも合わせやすい。たまに手持ちの服はすべて無彩色という方がいますが、それは実は誰でも簡単にコーディネートができる色構成です。

2 Ⓙ＝順無彩色【紺、茶、ベージュ、カーキ】

色味はあるけれど、無彩色に近い色。おおまかに紺＝ブルーに黒を混ぜた色、ベージュ（アイボリー、オフホワイト）＝白に黄色や茶色を混ぜた色、カーキ＝グリーンにグレーを混ぜた色となりますので、白、黒、グレーに近い色と解釈します。

3

D＝暖色【赤、ピンク、オレンジ、黄色など】

ぱっと見た印象で、暖かさを感じる色。

4

K＝寒色【青、緑、紫など】

ぱっと見た印象で、涼しさや寒さを感じる色。紫は青みが強ければ寒色、赤みが強ければ（ボルドーなど）暖色の仲間に入れてあげてください。色彩学では緑や紫は「中性色」と定義されますが、私の作ったルールでは寒色の仲間です。

この４グループの色のうち、１〜３グループの色を使って、コーディネートするのが「３／４色法則」です。

では、どのようにコーディネートしていくか、見ていきましょう。

Color 1/4

[MまたはJ　1グループの色を使う1/4コーデ]

同じグループの色で組み合わせるとワントーンでスッキリ上品な印象に

シャツ：GU
パンツ：BACCA
バッグ：Deuxieme Classe
シューズ：PELLICO

ジャケット：
Stella McCartney
ニット：ユニクロ
スカート：H&M
シューズ：Church's

ニット、スカート：ともにAP STUDIO

ライダースジャケット：Acne Studios
スカート：Deuxieme Classe
白Tシャツ：Banana Republic
スニーカー：Stella McCartney

Color 2/4

［M,J,D,K 4グループのうち2グループの色を使う2/4コーデ］

2つのグループの色を組み合わせると「上手に色を使える人」に

ブラウス：Saint Laurent（vintage）
パンツ：DES PRÉS
バッグ：Valentino
シューズ：Banana Republic

ニット：Acne Studios
パンツ：BACCA
シューズ：GUCCI
バッグ：Saint Laurent

スーツ：Theory
ブラウス：MUSEE D'UJI

ロングシャツ：Whim Gazette
パンツ：Spick & Span

Color 3/4

[M,J,D,K 4グループのうち3グループの色を使う3/4コーデ]

3つのグループの色で組み合わせると「色で個性を表現する人」に

シャツ：BACCA
パンツ：Whim Gazette
ベルトにしたツイリー：STYLE RECIPE MARKET

デニム、パンツ、
シューズ、バッグ：
ともにStella McCartney
カーディガン：COS

ブラウス：
Saint Laurent
(vintage)
パンツ：BACCA
シューズ：
Maison de Reefur

シャツ：GU
Tシャツ：MXP
スカート：AP STUDIO
シューズ：Jimmy Choo

ブラウス：ZARA
パンツ：AP STUDIO
バッグ：Saint Laurent
シューズ：Jimmy Choo

「3／4色法則」が使いこなせるクローゼットを作る

「3／4色法則」のポイントは、**4グループのうち3グループまでを使う色の組み合わせはコーディネートしやすく、4グループすべて使うと難易度は上がるということです。**

では次に「3／4色法則」を使ったコーディネートがしやすいクローゼットについて考えてみましょう。

クローゼットの中で、あなたの服の色はどんなふうに並んでいますか？

たいていの方のクローゼットは、特に決まったルールなしに、左のようにさまざまな色の服が並んでいることが多いのではないでしょうか。この状態だと、ごちゃごちゃしすぎて、何と何を組み合わせようか考えづらくなります。

GIVENCHY

もうお気付きのとおり、色が「無彩色」「順無彩色」「暖色」「寒色」の4つのグループごとに分けられていたら見やすいですよね。

また、**「Ⓜ無彩色」「Ⓙ順無彩色」「Ⓓ暖色」「Ⓚ寒色」の４グループの色は、それぞれどのくらいの枚数持っていたらいいでしょう。**

以前に私は、40代前後を対象とした雑誌の「着まわし特集1ヵ月コーデ」の服の色を、すべて数えて分析したことがあります。その結果、全身を「暖色」「寒色」のみで作られたコーディネートはひとつもありませんでした。暖色と寒色の服を用いたときは、たいていの場合、「無彩色」か「順無彩色」の服とコーディネートされていたのです。たとえば目立つブルーのワンピースを着ていたとしても、靴とバッグは白や黒の無彩色といった具合です。

雑誌の1ヵ月コーデに使われた色を、グループごとの比率にすると次のようになりました。

Ⓜ 無彩色＝56％

Ⓙ 順無彩色＝23％

Ⓓ 暖色＝13％

Ⓚ 寒色＝8％

春夏シーズンの場合、もう少し暖色・寒色の比率は上がると思いますが、それにしても、プロのスタイリストが、いかに「無彩色」と「順無彩色」を多用しているかがわかります。「無彩色」と「順無彩色」の比率を足したら、79％。

つまり**クローゼットの服の色の8割が「白、黒、グレー、紺、茶、ベージュ、カーキ」でよい**ということになります。**私の法則では、この7色を「ベースカラー」としています。**

❖「クローゼットマップ」の「ベイシックエリア」はベースカラー7色＋1色にしぼる

さて、ここで思い出してください。

Chapter 1で、クローゼットマップの**「ベイシック1軍」「ベイシック2軍」は、型をしぼると同時に、色も「白、黒、グレー、紺、茶、ベージュ、カーキ＋アクセントカラー1色」**を抜き出しました。

つまり、日常的に最も出番の多いベイシック1軍、2軍の服は、型をしぼるだけでなく、色も無彩色と順無彩色のベースカラー7色＋アクセントカラー1色＝計8色にしぼることで、「3／4色法則」を使ったコーディネートが、簡単にできるようになっているのです。

「ベースカラーは、すべての色を均等に持たなくてはいけませんか？」という質問を受けますが、そんなことはありません。


あなたはどちらかというと黒派？

またはネイビー派？

グレー派？

またはベージュ派？

無彩色、順無彩色の中でも、あなたのお好みや合わせやすさ、または今たくさん持っている色を軸に、自分なりに服を整えていけばいいのです。

［色の4グループ］

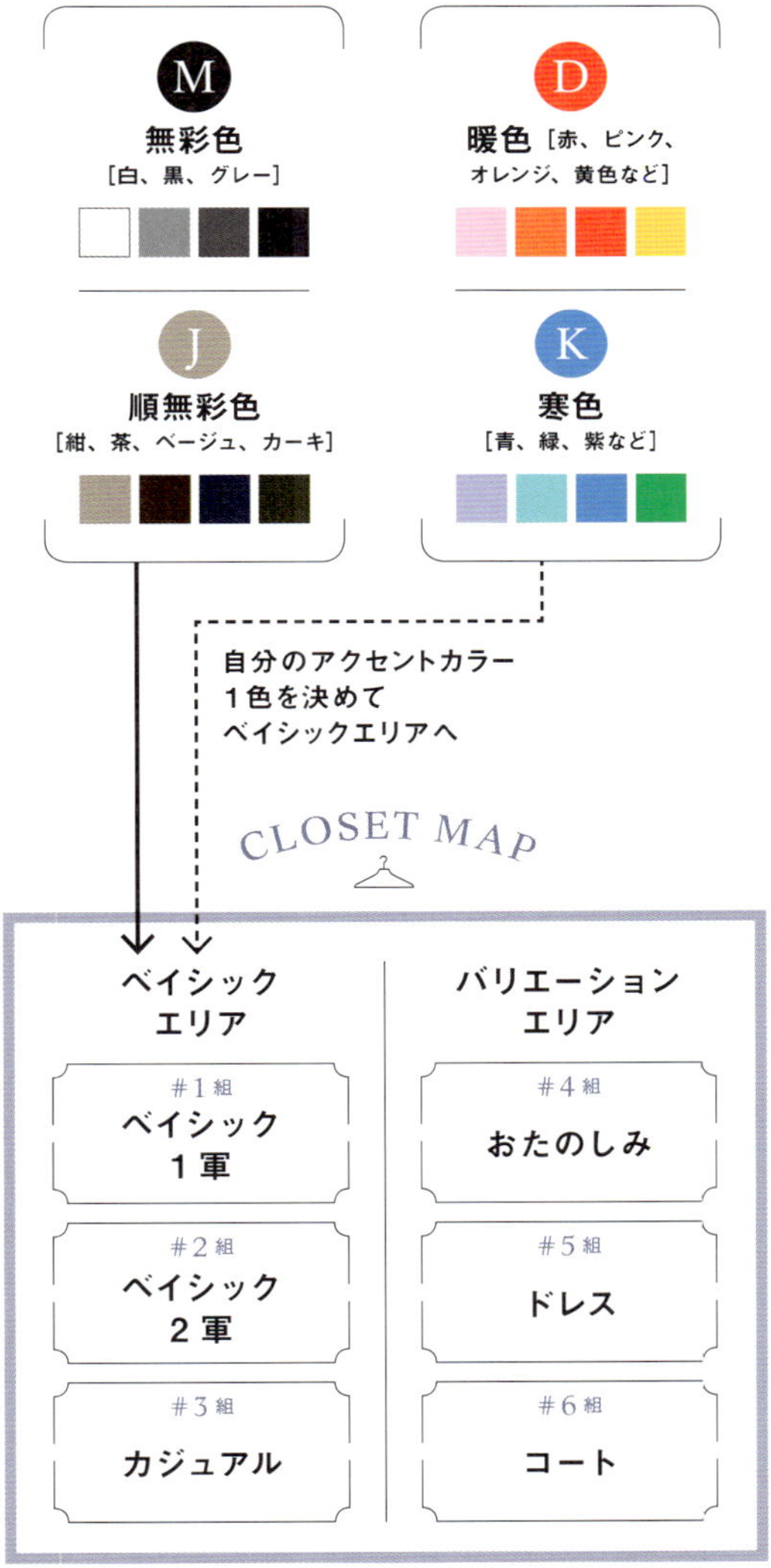
M
無彩色
［白、黒、グレー］
D
暖色［赤、ピンク、
オレンジ、黄色など］
J
順無彩色
［紺、茶、ベージュ、カーキ］
K
寒色
［青、緑、紫など］
自分のアクセントカラー
1色を決めて
ベイシックエリアへ
CLOSET MAP
ベイシック
エリア
#1組
ベイシック
1軍
#2組
ベイシック
2軍
#3組
カジュアル
バリエーション
エリア
#4組
おたのしみ
#5組
ドレス
#6組
コート

クローゼットの「バリエーションエリア」はスパイスカラー2、3色を中心に

「ベイシックエリア」を作るために、服の型をしぼり8色を抜き出した後は、

❶ 色はベースカラー（白、黒、グレー、紺、茶、ベージュ、カーキ）かアクセントカラー（好きな色、多い色1色）だが、型がベイシックではない服

❷ 右の❶以外の色の服

の2種類の服が残ります。これらは「バリエーションエリア」に入りますよね。クローゼットの中でざっと色別にしておきましょう。

さて、あなたの❷はどんな色が多かったでしょうか？

私の法則では❷の色を2、3色にしぼることをおすすめしています。

これを「スパイスカラー」と呼んでいます。

CLOSET MAP

ベイシックエリア	バリエーションエリア
#1組 ベイシック1軍	#4組 おたのしみ
#2組 ベイシック2軍	#5組 ドレス
#3組 カジュアル	#6組 コート

［スパイスカラー2、3色］

RED

YELLOW

GREEN

私のスパイスカラーは、朱赤、ビビッドなグリーン、イエロー（夏物中心）の3色です。私はベースカラーの中でも「白、黒、ベージュ」の服の枚数が圧倒的に多く、それにパンチの効いた色を少量合わせるのが好みだからです。

なぜスパイスカラーを2、3色にしぼるといいのでしょう？　それには2つの理由があります。

1つは、スパイスカラーは、自分の個性を表すものだからです。

インターネットのファッションサイトやファッション本を見ると、ネイビーのデニムに白シャツ、白いコンバースといった組み合わせをあちこちで見かけませんか？　ベイシックで素敵ですが、あまりにたくさん見かけるので、正直個性は感じません。でもその王道コーデに、ハッと目を引くような鮮やかなピンクのニットを肩がけしていたら、そこに目がとまりませんか？

色は無数に存在し、その中でどんな色を選んで足していくかに、自分らしさが表れるのです。

アパレルは毎シーズン流行の色を打ち出してきます。もしも毎年のトレンドカラーをすべて買っていたら、クローゼットは、少しずつ色味のずれた、さまざまな色の服だらけの、まるでパチンコ店の店先のようになってしまいます。これではいつまで経っても自分の軸ができません。

2つめに、スパイスカラーを、1つのコーディネートの中で数ヵ所に散らして、繰り返し入れ込むことで、完成度の高いコーディネートが作れるからです。

たとえば、全身ブラックで靴だけが真っ赤という方がいたとしましょう。偶然赤なのか、意図して赤を入れ込んだのかはわかりません。

でももし、もう1ヵ所、ピアスでも同じ赤を使っていたらどうでしょう。誰が見ても、「赤がテーマのコーディネートにしたのね」ということがわかります。

つまり後者のほうが、コーディネートとしてはずっと上級者に見えるわけです。

アクセントカラーの色数をしぼってその色を集めていくことで、こうしたコーデが作りやすくなります。

上級者は、さりげなく小物の色もそろえる

私と同年代で、いつもさりげないのにとてもおしゃれな男性がいます。ベースカラーはネイビーで、コンパクトな細身シルエットのネイビーのスーツに、白いTシャツと白いスタンスミスを合わせるといった、シンプルでクリーンなコーディネートです。男性は黒や茶のバッグを持つ方が多いですが、彼の場合はラズベリー色の濃いピンクのリュックと同色のスマホを持っていて、それがネイビーのスーツの絶妙なポイントになっています。もちろんこれは偶然ではなく、コーディネート全体を考えて小物までセレクトしているわけです。

このシンプルさと肩に力が入っていない感じ、でも実は細部まできちんと計算されているところが、いかにも上級者という感じがします。

服、靴、バッグまではきちんと色を整えても、小物までそろえるというのはなかな

かできません。でもだからこそ、人の目を引きつけるのでしょう。

ジャケット、パンツ：ともにStella McCartney
Tシャツ：COMME des GARCONS

私の場合は、自分のスパイスカラーに合わせて、ネイルと口紅はいつも赤と決めています。以前に、ネイルをピンクがかったボルドーにして、いつもの赤バッグを持ったら、なんだかとっても気持ちの悪い色合わせになってしまったからです。

メイクの色はもちろん、財布、スマホケース、定期入れ、手帳、化粧ポーチなどは小さなものですが、打ち合わせの席やメイク直しのときに意外に人の目がいきます。

バッグの中身を全部出したとき、そこに個性が表れるような大人のセレクトを心がけたいものです。

服や小物であまり色物をお持ちでない方は、マルチカラーや柄物にチャレンジすることをおすすめします。

靴やバッグは、つい黒やベージュなどの無難な色を選びがちではありませんか？すでにベースカラーのものをお持ちなら、いくつも持つ必要はありません。自分のスパイスカラーや、数色が入ったマルチカラー配色、柄物などを1、2個持つだけで、複数の色が同時に使えて、コーディネートの幅がぐんと広がります。

マルチ配色のスカーフやストールなども、そろえておくと重宝します。

バッグ、シューズ：
ともにJimmy Choo

バッグ、ストール：
すべてSTYLE RECIPE MARKET

モノトーンコーディネートが「ただの地味」になる理由

この章の最後に、「素材」についてお伝えしたいと思います。

実は色と同様に、いえ、大人女性にとっては色よりも大切なのが「素材選び」です。

特にモノトーンコーディネートの素材は重要です。

ある表彰パーティーに伺ったとき、知人の2人の女性が、2人とも全身黒い服を着ていました。一方の女性は、薄手のウールの上に、オーガンジーのチュールレースをかぶせたふんわり広がるフレアスカートに、レザーのトップス、そして光沢のあるパテント（エナメル）の靴を履いていました。もう一方の女性はコットンのワンピースを着て、パールのネックレスをしていました。

同じ黒一色のコーディネートなのに、チュールレースの女性は華やかかつシックに見え、もうひとりの女性はどう見てもお葬式帰りのようでした。なぜこんなことが起きてしまうのでしょう。

この2人の差は、「素材感」の差です。

チュールレースの女性は、蝉のうす羽のようにはかなげなチュールレースに、しっとりとしたウール、それとは対照的なハードで重みのあるレザーに艶やかなパテントの靴の輝きと、同じ黒でも質感が全く違う黒を取り混ぜていました。素材が違うと、光の反射の加減も異なり、コーディネートに複雑な陰影が生まれます。

また、人の体はとても立体的です。腰周りにふわりとそうようにギャザーをとったチュールスカートは、生地に凹凸ができて、さらに立体的な光と影が生まれます。

この女性は、表彰されるステージで、自分にライトが当たることをきちんと計算して、このように上手な選択をしたのでしょう。

❖ 1つのコーデの中で素材感を変えると、1色なのに凝ったことをしているように見える

素材にはたくさんの種類があり、選ぶのはなかなか大変ですが、私たち大人の女性は、若い方よりも少しだけリッチな素材を選ぶといいでしょう。(特にここぞという場面では)

リッチな素材とは、簡単に言うと、子ども服に選ばない素材です。

子ども服の代表的な素材は、洗濯してもへたらない丈夫なコットンや、縦横に伸びるメリヤス素材などのジャージ類です。

それとは対照的に、大人の素材とは、シルク、オーガンジー、カシミヤ、サテンなど、印象が「ツヤ増し、しっとり、デリケート」な質感を持つものです。

たとえば、あなたが水彩絵の具の筆を持っていたとして、それを普通のコピー用紙の上にすーっと一筆走らせると、絵の具の色がそのままべっとりとつきますね。でも、絵のプロが使うような凹凸と厚みのある高い画用紙を使うと、絵の具の色が複雑ににじんだりかすんだりして、なんだかちょっと絵が上手くなったような気がするもので

す。

残念ながら、大人の肌は若い方に比べてザラザラごわごわしていますから、均一でフラットなコットンのような素材よりも、複雑に光を反射する深みや複雑さのある素材のほうが、肌や髪を美しく見せてくれるのです。

また、大人っぽくニットを着たいときは「糸が細い」ものを選ぶのがポイントです。

以前、最高級ニットブランドの「ジョンスメドレー」のお店の方に、

「ユニクロとはどこが違うのですか？」

と失礼な質問をしてみたことがあります。

ユニクロの定番エクストラファインメリノウール（２９９０円）とジョンスメドレーのメリノウール（３００００円）は、どちらも薄手ニットですが、ジョンスメドレーの糸は「高級長細繊維」といって、1本の糸が髪の毛よりずっと細いものでできていると、お店の方がていねいに説明してくれました。

細い糸で編まれたニットは、独特のぬめり感や光沢感があります。同じ毛糸から作られたニットでも、極太糸でざっくり編んだセーターは、質感が全く違いますよね。

それをイメージしてください。

その代わり、「リッチな素材」は、デリケートでお手入れの手間はかかりますし、傷みも早いです。「大人の素材」とは、そうした手間ひまをきちんとかけられる人にふさわしいという意味でもあるのでしょう。


P220でご説明した無彩色、順無彩色の1グループを使う「1／4コーデ」のように、黒1色、ベージュ1色などのワントーンコーデが、

「なんだかのっぺりしてしまう」

「地味なだけで大人っぽくならない」

と思った経験のある方は、色よりも素材について、チェックしてみてください。

成功すれば、これほど大人を美しくシックに見せて、なおかつ簡単なコーデは他にありません。

The Closet Map

Chapter

4

大人にふさわしい着こなしバランスのコツ

服の性格をはかる「スタイルグラフ」で着こなしのバランスをとる

人に「性格」があるように、1枚1枚の服にも「性格」があります。

さらに、私たち一人ひとりにも、「体型」や「見た目」という個性があります。

ですから、あなたにぴったりで素敵に見える服が、別の誰かにもぴったりかというと、そうではないということが起きるわけです。つまり、

服の性格　×　あなたの体型　×　あなたの見た目

この掛け算の答えが、「あなただけにふさわしいスタイル」になるわけです。

おおまかに言って、服の性格は、次のように表すことができます。

・男子度 ↕ 女子度
・大人度 ↕ 子ども度

たとえばチェックのボタンダウンシャツは、男性も小学生も着ますから、その性格は「男子 × 子ども」となります。そのため、女性がこうした服を着ると、印象は男の子っぽくなります。

一方で、スカートは女子のアイテムです。ミニスカートなら小学生もはくので、その性格は「女子 × 子ども」。ロングタイトスカートは主に大人の女性がはくので、その性格は「女子 × 大人」となります。

次のページで着ているのは、グレーのシンプルなトレーナーです。これは小学生の男子も着るものなので、「子ども × 男子」のアイテムです。これに、デニムとスニーカーを合わせてしまうとどうなるでしょうか。小学校の校庭で走っている男子と、なんら変わりませんね。

このコーディネートをグラフで表すと次のようになります。

①

［グレーのトレーナー
子ども×男子］
＋
［デニム
子ども×男子］
＋
［スニーカー
子ども×男子］

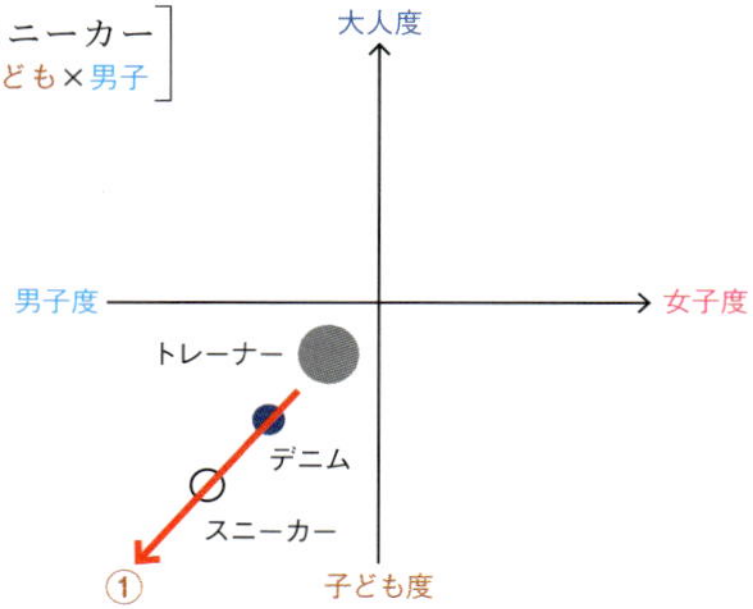

「子ども×男子」的性格のトレーナーに、さらにスニーカーで「子ども×男子」な要素を加えることになるので、ますます男子小学生化してしまいます。（①）

そこで、「大人×女子」方向に引き上げるために、白いタイトスカートとシルバーのヒールを合わせてみます。（②）

さらにきちんと感を出すため、ネイビーのテーラードジャケットを着ると、大人っぽさが増してきました。（③）テーラードジャケットは、もともとは男性の服で大人が着るものです。**だいぶ「大人×男子」方向に傾いたので、最後に赤いバッグで色を足します。**これで「大人×女子」コーデになりました。（④）

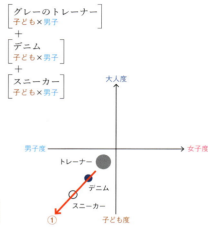

②

グレーのトレーナー
子ども×男子

＋

白のタイトスカート
大人×女子

＋

シルバーのヒール
大人×女子

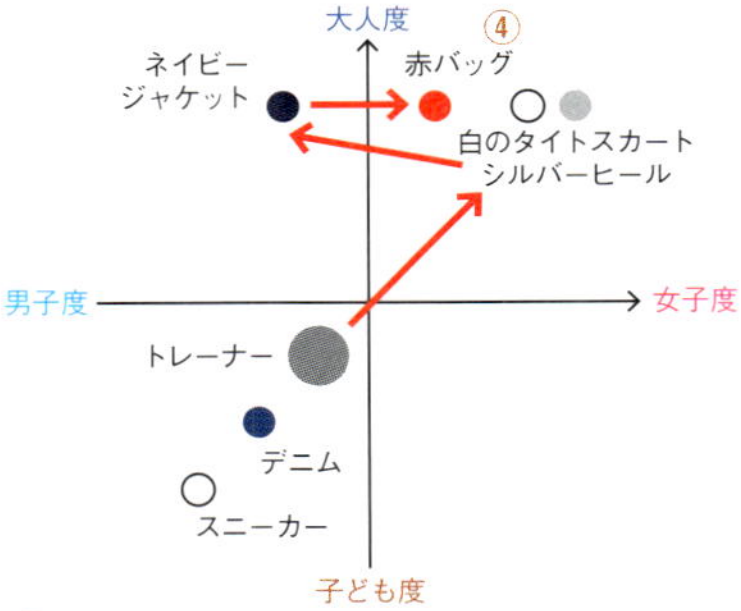

＋

ネイビーの
テーラードジャケット
大人×男子

③

④

＋

赤いバッグ
大人×女子

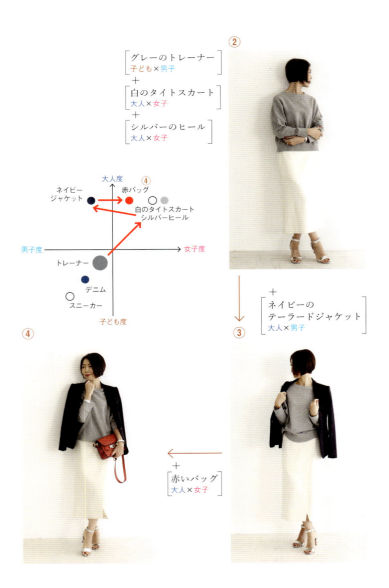

⑤

［グレーのトレーナー
子ども×男子］
＋
［白のタイトスカート
大人×女子］
＋
［スニーカー
子ども×男子］
＋
［トートバッグ
大人×男子］

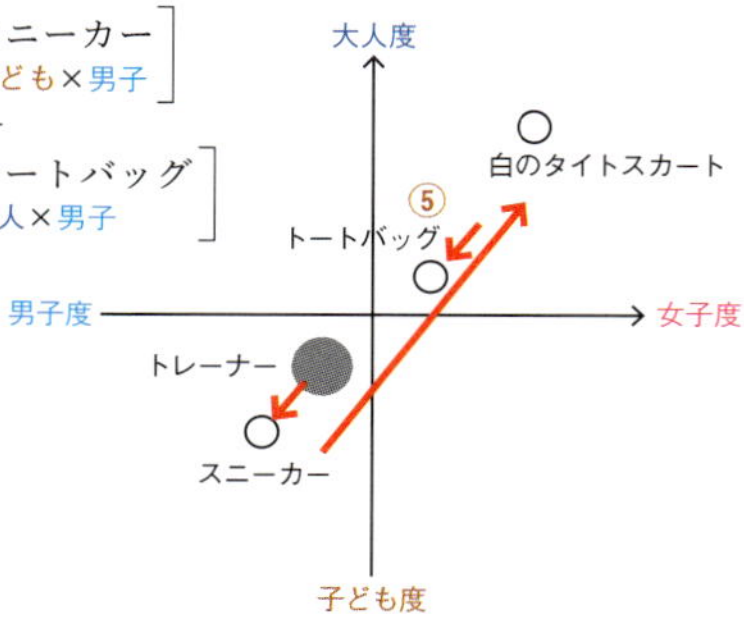

一方で、このグレーのトレーナーをもう少しカジュアルに着たい場合。

お子さんが小さいお母様などは、仕事以外の足元はスニーカーにしたいという方も多いですよね。あるいは、いつもはヒール中心だけど、今日は活動的にたくさん歩きたいというときもあります。そんなとき、ついデニムを合わせたくなりますが、その気持ちをちょっとおさえて、上のように**「大人×女子」方向のタイトスカートを合わせてみます。**

最後に実用性を考えてトートバッグを合わせました。トートとは「運ぶ」「背負う」を意味する言葉だそうですが、ハンドバッグと違い、男性も持つものですから、少し

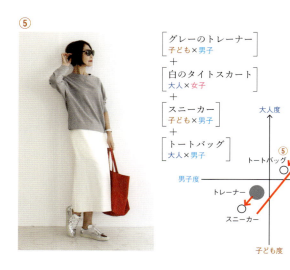

「大人×女子」度は低くなります。

トレーナーにスニーカーを履いて、いったん「子ども×男子」方向に行きますが、ロングタイトスカートで、「大人×女子」度をぐっと上げているので、最終的には大人のコーディネートになります。（⑤）

❖「抜け感」や「はずし」がコーディネートをイマドキにする

ファッション雑誌にはよく「甘辛ミックス」「テイストミックス」などといった用語が出てきますが、それはこのようにさまざまな性格の服や小物を組み合わせるときの、バランスのとり方を表しているのでしょう。プロのスタイリストさんたちは、こうした物差しを感覚的に使っていますが、目に見える形で図式化すると、このようなグラフで表すことができます。

「抜け感」や「はずし」などといった言葉が流行るとおり、**エレガントな中にもちょっとだけスポーティーなどの別要素を混ぜ込むほうがかっこいい。「ミックス」が、今の時代の大きな流れです。**これは1年ごとに変わるトレンドではなく、10年単位で変わる大きな流れなので、意識しておいて損はないでしょう。

たとえばエレガントなコーディネートを作る場合、「大人 × 女子」要素のものだけでかためるのではなく、アウターを「大人 × 女子」の性格を持つファーにしたら、インナーはブラウスではなくシャツにしたり、あえておじ靴を合わせて少し男子要素を混ぜ込むなど、矢印が色々な方向に動くようなコーディネートをすることで、狙いすぎない自然なファッションができるのです。

(ただし、これは日常服を組み合わせるやり方。フォーマルな場になるほど、ワンピース、ネックレス、エレガントな帽子、ハイヒールなどのように、アイテムを「大人 × 女子」だけで構成し、改まった感じを出します)

また、今の時代の空気感がある人は、全身をハイブランドでかためるより、シャネルジャケットを着たら、ボトムスはデニムにしたり、足元をあえてフラットシューズにしたりして、着こなしに軽快感を出しています。つまり、シャネルを利用して、あくまで自分らしさを出しているのですね。

「スタイルグラフ」はそんなコーディネートの振り幅を考えるのにとても便利な物差しになるので、ぜひ使ってみてください。

生足？　ストッキング？　大人の「靴下」問題

大人女性の中には、「ストッキングが苦手」という方が少なくありません。夏は素足にパンプスでもいいですが、秋口は自分も見た目も寒い。そこで活用したいのが「ソックス」。コーディネートは複雑に重ねると奥行きが出るので、ソックスが加わるだけで肌色の脚より一手間かけた感が出ます。

ソックス使いのポイントは、タイツと似た薄い素材を選ぶこと。（靴が広がってしまうこともなく、タイツ感覚ではけます）

ソックスをあまり目立たせたくない場合は、ソックス、パンプス（サンダル）を黒にして、遠目から見てショートブーツに見えるようにはくと取り入れやすいです。足首の太さが気になる方は、目立ちすぎない濃い色（オリーブグリーンや黒っぽいボルドーなど）で引き締めるといいでしょう。黒やチャコールグレー、濃いめのネイビーも万能です。

一番大切なのは分量感。靴、ソックス、スカート（またはパンツ）の丈が、それぞれはっきりと段差がついているように見えるか、鏡でチェックしましょう。

小柄な方がロングスカートにソックスを合わせるとき、小さい面積の中にスカートの裾、ソックス、靴がぎゅうぎゅう詰め込まれた感じになると、脚が短く見えて損です。スカートをウエストでひと折りするなど長さを調節し、バランスを整えましょう。

ダメージ、ロック、ミリタリーアイテムは「お邪魔します1点主義」

「ライダース」や「ミリタリーシャツ」などは、サバイバルな目的のために作られたもの。

しかし、たいていの方はロックミュージシャンでも、サバイバル生活を送っているわけでもありません。ふつうの大人が「全身ロック」は不自然。

その分野の門外漢が、こうしたアイテムを身につける場合には、よそのお宅に「ちょっとお邪魔します」という気持ちで1点だけ取り入れるのがコツです。

1点だけ身につければ、ハードなアイテムとやわらかな体の曲線とのコントラストで、女性らしさが際立ちます。

ごついアクセサリーやスタッズ、ダメージデニム、ピチピチスキニーなどの「ハード盛りすぎ」には気をつけましょう。

カーゴパンツはアメ横の軍用グッズ専門店で。
サンダルで素足を見せ、ピンクのバッグで甘さを足して。

Closet

大人のトレンドさじ加減 絶妙なミックスで「自分らしさ」を魅せる

さて、大人の女性は、どこまでトレンドに手を出してもいいのでしょうか。

適度にトレンドを取り入れることは、時代の空気感をまとっていることにつながりますが、私自身は**「全身今年買った服」にならないように気をつけています。**

トレンドというものは似た傾向を持つものですから、電車の中で若いお嬢さんと全く同じ服で鉢合わせなんていうことになると、申し訳なく、いたたまれない気分になります。また、おしゃれとは個性の表現。それなのにトレンドを追うことで、どんどん人と同化し没個性になるのは、とてももったいないことですよね。

トレンドもの＋自分定番もの＋古いもの

この3つを上手に組み合わせることが、大人が上手にトレンドとおつきあいしていくためのコツではないでしょうか。

「自分定番もの」とは、いわゆる定番商品のことではなく、「これさえあれば自分らしい」と思える服のことです。

私が自分定番ものだと思うのは「派手な柄パン」。花柄や太いラインが入ったもの、派手でピカピカしたパンツなどです。

トレンドでもなければ上品なベイシック服でもありませんが、とにかくこうした派手パンに目がありません。私は背が高くボトムスを強調したほうが着映えするタイプなので、長所を目立たせてくれる自分らしいアイテムだと思っています。着ていると、「そんな派手なの、どこで見つけたの？　でもなんだか〝らしい〟わね（笑）」と言われます。

どなたでも、無条件に大好きで、着ていると「あなたらしい」と言われるアイテムがあるのではありませんか？

派手パンに、「ベイシック1軍」のテーラードジャケットを合わせて、靴でトレンドを取り入れ、30年来大切に身につけているクロスのペンダントや時計を合わせるのが、私の「トレンドもの＋自分定番もの＋古いもの」のミックススタイルです。

❖ 肌、髪、歯、爪などの美容代∨ファッション代

大人が若い頃よりハリ、ツヤが衰えてくるのはしかたありません。ただ、それが不潔に見えないよう、年齢を重ねるほど、服を着る土台に予算配分しなければなりません。

私自身も過去の自分の写真を見て、色が抜けてパサパサな髪にギョッとしたことがあるのですが、そんな髪で最新流行の服などを着ていては、目も当てられません。**服がピカピカの新品であればあるほど、着ている本人のくたびれ具合が目立つからです。**

高額な化粧品やエステにお金をかけるということではなく、見苦しくなる前に美容院に行き、歯をクリーニングしたり、健康的な肌やネイルのために毎日少しの時間を

割く。その上でトレンドを楽しみたいと、自戒を込めて思います。

ヴィンテージアイテムの取り入れ方
一周回って痛いおばさんより
刷新する大人

「グッチ」や「イブ・サンローラン」「ディオール」などの有名メゾンでは、数年おきにクリエイティブディレクターが変わり、デザインが刷新されることがあります。

そうした場合、新しいデザイナーは、そのブランドの過去のアーカイブからヒントを得て、それに今の時代に合った新しいデザインや素材、色を加えることで、新鮮なデザインに作り変えるということをたびたびします。

たとえばグッチが、昔流行った赤と緑のライン入りの「G」マークのリニューアルバッグを再び販売しだしたりするのは、そういった背景があります。

すると、ヴィンテージショップで、昔の「G」マークのバッグにも意外な高値がついていたりします。それを見て、「あら？　このデザインまた流行っているのね。私も持っていたわ」と押入れの奥からゴソゴソと30年前に流行ったバッグを取り出して使ってしまう……なんていうことをやりがちです。

けれども、冷静に考えてみると、リバイバルしたアイテムはその時代をリアルに知らない世代だからこそ、新しく感じるのです。私たち大人世代が、一周回って復活したものをうかつにクローゼットから引っ張り出したら、

「ヴィンテージをかっこよく持つ女性」ではなく「もの持ちの良すぎるおばさん」になってしまいます。

いいバッグを買えば一生ものと言われますが、それはエルメスのバーキンやケリーバッグなどの「昔も今もまったく同じデザインが売れ続けている」ものに限ります。

これらは世代を超えて引き継がれるパールやジュエリーと同じ。ファッションアイテムであると同時に「宝飾品」であるともいえます。

ただし、これら以外のほとんどのブランドアイテムというのは、どんなに高価なものであっても、「ファッションアイテム」であって、そうである限り「流行」と無縁ではいられません。

では、どのようなヴィンテージアイテムを取り入れればいいのでしょう？

大人女性が手を出しやすいヴィンテージアイテムは、肩パッドが入っていない（または薄い）ドレスやブラウス、スカートなどです。

特にアメリカ買い付けより、ヨーロッパ買い付けのドレスはエレガントで、手間のかかったビーズや凝った織物、個性的なプリント柄などを使ったものに巡り合うことがあります。ただし、服の場合はお直しが必要になることが多いのもお忘れなく。

「ブランドだから」ではなく「個性があるから」という視点でヴィンテージ・アイテムを選び、それに、たとえノーブランドであっても、くたびれていない、現代のモード感のある靴とバッグを合わせる。

それが、大人女性のヴィンテージとのつきあい方ではないでしょうか。

写真のサンドレスは、１９７０年代のフレンチヴィンテージのドレスです。レトロなプリントと高いウエスト位置、たっぷりとしたバイアス使いのスカートが気に入っています。小さな籐バッグを持ってこれを着ると、「夏がきた」と感じます。

The
Book&Film
BAR
.4 Fri — 9.3 Sun

すべてのおしゃれを帳消しにする「ぎょうざ靴」「象足首」「猫足首」

服はトレンドで攻めているのに、「足元だけ残念！」という方を、よく見かけます。ヒールのないフラットシューズで、足の形にそってぎょうざのように縫ってある靴は、コーディネートを台無しにするばかりでなく、一気に老けて見えるので、とても損です。

とはいえ、大人は徐々に筋力が衰えるので、毎日ヒール靴はキツイ。

一日歩き回る日はスニーカーがおすすめですが、けっして運動靴に見えないよう、大人っぽく履きたいところです。スニーカーは小学生男子も履くものですから、スニーカーのタイプや、それに合わせる服は、より大人っぽくするのがセオリーです。

大人っぽく履けるスニーカー選びのポイントとしては、**足がシュッと細長く見える**

形で、ズック靴のような布製ではなく、スエード、レザー、ニット、ベロアなどのワンランク上の上質な素材を選ぶこと。

そして、ひもの色が白でないもの（スニーカーと同色のひもがついているもの）を選ぶと、街着にもなじみます。

私は、白スニーカーは「ゴールデングースデラックス」のホワイトレザー、「ステラマッカートニー」の「エリスシューズ」、カラースニーカーは、細身でシルエットや素材感が大人っぽい「ナイキ」の「ナイロンコルテッツ」や、アッパーに異素材を使ったシリーズを愛用しています。

スニーカーコーデでは、ヒールに合いそうなコーディネートにスニーカーを合わせ、ヒップや脚の形が出るタイトなボトムスではなく、ひざ丈スカートやワイドパンツ、ガウチョパンツなどを合わせるのがポイントです。

もう一つ大人世代に多く見られるのが、足首の失敗です。

「象足首」は、パンツの着丈が長いのに、お直しせずにそのまま着て足首にクッション(パンツの裾が靴に当たって象足のようなシワがよっている)ができていること。足首がもたついていることで、全身がもっさりと見えます。

「猫足首」は、足だけ白い猫のように、黒っぽいボトムスなのに突然白っぽい靴下やタイツをはいてしまっているなど、足首の太さが強調されているパターンです。

首、手首、足首の三首見せが細く見えることはよく知られていますが、出すのは寒い。その気持ちもわかります。

大人女性は、ボトムスが黒っぽければ、黒、濃いグレー、濃いネイビーのタイツ、ボトムスが白っぽければ、素足か肌に近い色のナチュラルストッキングで、洋服とつながりを持たせ、必要以上に足首だけを目立たせないのが基本です。

象足は、全身を鏡に映してチェックすればすぐにわかること。たとえ1㎝であっても、そのままにせずお直しをしましょう。
顔も体もたるむ大人世代、せめて足元はたるまずピシッといきたいですね。

個性あるかっこいい大人で あるために

私がファッション業界にいた頃、同じ会社の中で、ものづくりの方向は大きく2つに分かれていました。

ひとつは企画から生産までじっくりと時間をかけるタイプ。

まず服ができ上がる1年以上前から、原料と呼ばれる糸や布地を仕入れます。そしてデザイナーがデザイン画を描き、パタンナーが型紙を作って、生成りの布をボディーにあてて立体的に裁断し、服ができたときのイメージを作ります。

それができ上がると、今度は縫製工場で1点サンプルを作ってもらい、仕上がってきた服をチェックし、修正を加えたり、色違いを作ったりします。ここまでの工程に半年から1年をかけ、ようやく本生産にかかり、服がお店に並ぶようになるのです。

もうひとつは、今後売れそうなものや、今市場で売れているものを分析してすぐに生産にかかり、短期間でお店に並べるというものづくりです。

欲しい時に欲しいトレンドの服がタイミングよく買える、というメリットはありますが、この売れ筋追求型のものづくりが行きすぎると、違うブランドのお店なのに似たような服が並び、タグをとったら違いが全くわからないという同質化を生みます。

つまり、新しい服を買えば買うほど、他の人と同じ没個性の道へまっしぐら。

これではおしゃれを頑張っているようで、おしゃれとは逆方向に向かって全力疾走しているのと同じです。

また、現在多くのアパレルが、服を作っても定価で売れるのは30％前後、その後、期末セールやファミリーセールなどで値下げして売っても、最終消化率は50％を割り込んでいることも多いそうです。つまり作った服の半分が売れ残っているわけです。

それでもまた翌年には新しい服を大量に作る。そしてこの構造を支え、アパレルの経営を維持するために、服の製造原価はどんどんおさえられます。生地などの素材にかかる原価は、商品代の10％以下というのも珍しくありません。

つまり、荒っぽい言い方かもしれませんが、素材のクオリティーを下げ、安く簡単

に作られた似たような服が、一年中だぶついているというのが現状なのです。

私は評論家ではないので、こうした現状を批判する立場ではありません。

ただ私たち消費者が、やみくもに古いものを断捨離し、毎シーズン新しい服を買っては翌年捨てるというのが、大人としてかっこいい姿なのかと考えると、少々疑問に感じてしまうのです。

流行をひたすら追いかける「足し算」の買い物から卒業し、自分らしくあるために、自分にとって本当に意味のあるもの、価値のあるものを身の周りに置く「引き算」の買い物をする。それが大人のおしゃれの理想ではないでしょうか。

そのような思いから、私は２０１７年６月に、リメイク商品を作って販売する小規模なサイトを立ち上げました。タンスのこやしになっているスカーフを送ってもらい、それをバッグやツイリー（細長いリボン状のスカーフ）に仕立て直すというサービスです。活用されていない美しく貴重なプリントのスカーフが、「一点もの」として復活したら、多くの女性に喜んでいただけるのではないか、と考えたからです。

ありがたいことに、販売初日から注文が殺到し、縫製のための材料が追いつかず、いったん販売を停止したほどです。注文してくださったお客様からのメールやお手紙には、捨てずに眠っていたスカーフへのそれぞれの想いが綴られていました。

「これは両親がまだ元気だった頃のバブル真っ只中、旅行した際にお土産で買って来てくれたものです。ほぼ使わないまましまってあったのですが、ブログのバッグを見たときに、これだ！　と思ってお送りした次第です。使うようになれば、亡くなった父も喜んでくれると思います」（お客様の手紙より抜粋）

また、最近では「自分のバッグにするつもりはないけれど、よかったら何かに生まれ変わらせてください」とスカーフを寄付してくださる方も増えました。

ていねいに作られたもの、愛着のあるもの、一生手放したくないものがある人は幸せだと思います。その他大勢になることなく、自分が自分であることを証明するようなアクセサリーや服。

自分が唯一無二の存在であることを証明するような何かを身につけるということが、私たちをかっこいい大人に導いてくれるのではないでしょうか。

以前に私は、あるキャリア女性のクローゼット整理をお手伝いしました。

その女性は、医療系の高度専門職のお仕事につき、その分野の後進を育てるために講演をしたり、専門書の執筆をするなどの活躍をされています。

彼女のクローゼットからは、白、黒、紺のパンツと、メンズのようにかっちりとした飾り気のないシャツが、何枚も何枚も出てきました。そのクローゼットを見て私は、「ああ、この方は長い間男性社会の中で、『女性だから』という理由で信頼を損ねることのないよう、懸命にがんばってこられたんだな」と感じました。年齢とキャリアを重ね、少し余裕が出てきた今、

「ワコさん、私これからは婚活もしてみたいんです」

と少しはにかんだ笑顔で話してくれました。

私が、その方のクローゼットの屋台骨となっているかっちりとしたスーツに、クローゼットの奥に眠っていた、華やかなパステルカラーのスカーフや、女性らしい小ぶりのバッグをコーディネートしたことは、言うまでもありません。

私たちのクローゼットに入っている服は、今まで私たちが歩いてきた人生そのものです。そして、これから選ぶ服は、未来へとつながるドアです。

食べたものが身体を作るように、着た服が、あなたの明日につながります。

だから、自分を見失うことなく、未来の自分にふさわしい服だけを、日々選んでいただきたいと思います。

この本の初めに、「40歳は女性にとって二度目の人生の始まり」と書きました。

20代後半から40歳までの約15年は、女性にとってさまざまな選択の連続です。仕事でどんなキャリアを積むのか、結婚するのかしないのか、子どもを持つのか持たないのか。その選択のしかたによっては、それまで似たような学生生活を過ごし、笑い合っていた友だちが、なんだか全く違うレールに乗って遠くに行ってしまったように感じることもあるでしょう。

自分の道を選んだら選んだで、今度は夫の年収、学歴、職業や仕事のポジション、子どもの成績などなど、人が持っているものと自分が持っているものを比べてしまい、コンプレックスを抱いてしまうのもこの頃かもしれません。

でも、おおよそ40歳から50歳にかけての10年の間に、その不毛な人生比べっこレースは終わります。

結婚の道を選んだ方も、子どもが独立し始め、夫の先行きも見えると、女性は再び一人になる時間が増えます。夫や子どもという付属物を取り除いたところで、自分は一体何者で、何ができるのか、もう一度自分に問い直す時間が訪れるのです。

そうした意味で、40歳からは、女性の「ノーサイド」。

そんなふうに私は感じます。もし、「今の私には何もない」「なりたい自分がわからなくなった」と思っていたとしても、嘆くことはないのではありませんか？

だって人生は100年もあるのだから。

この人生の半期決算期に、もう一度自分自身を見つめ、どんなことが好きなのか、どんな人になりたいのか、自分の個性はどこなのか、一度立ち止まって、じっくり自分を研究してみてはいかがでしょうか。

自分のクローゼットと向き合うことで、その答えはきっと導き出されるでしょう。

「服は命」。そう私は思っています。ウールは羊の毛、コットンは綿花。生き物の営みを少しだけお借りして、人間は身を守ったり、寒さをしのいだり、自分が何者なのかを示す。服は大昔からそうした役割を担ってきました。

また、どんなに技術が発達しても、服が完全オートメーションでできることはありません。デザイン画を描く人、型紙を作る人、ミシンを踏む人、ボタン付けをする人、どんなに安い服であっても、人間が手をふれずにでき上がることはありません。そう考えると、服には、命や魂が宿っているような気がしてならないのです。

薬を飲むことを「服用」といいます。春秋戦国時代に書かれた『山海経』(せんがいきょう)には、身体の外側にまとい病気のもととなる邪気の侵入を防ぐことを「外服」、薬を体内で効かせるために飲むことを「内服」と記されています。

服は体の一番外側の皮膚と同じ。

思いのこもる大切な1枚は、あなたを守り、歩みたい未来へとあなたを導いてくれるでしょう。

1枚1枚の服をよく見て、ていねいに選び、喜びや幸せを感じながら着て、お別れするときには心からお礼が言える、そんなおつきあいができるクローゼットを育てれば、きっと服にもその愛が伝わり、ますますあなたを応援してくれるはずです。

この本を読んでくださったあなたが、かけがえのない服と出会い、幸せな人生を歩めるよう、心から願っています。

本書のためにたくさんのご尽力をいただいた、アートディレクター加藤京子様、フォトグラファー草間大輔様、そしてディスカヴァー・トゥエンティワン大山聡子様に、この場をお借りして心より感謝申し上げます。

２０１８年　３月　ミランダかあちゃんこと輪湖もなみ

「いつでもおしゃれ」を実現できる
幸せなクローゼットの育て方

発行日　2018年3月25日第1刷

Author　ミランダかあちゃん（輪湖もなみ）

Photographer　コーディネート写真：草間大輔

Book Designer　カバー：Sidekick（加藤京子）
本文：Alan Smithees

Publication　株式会社ディスカヴァー・トゥエンティワン
〒102-0093 東京都千代田区平河町2-16-1 平河町森タワー11F
TEL 03-3237-8321（代表） FAX 03-3237-8323
http://www.d21.co.jp

Publisher　干場弓子

Editor　大山聡子

Marketing Group
Staff　小田孝文　井筒浩　千葉潤子　飯田智樹　佐藤昌幸　谷口奈緒美
古矢薫　蛯原昇　安永智洋　鍋田匠伴　榊原僚　佐竹祐哉　廣内悠理
梅本翔太　田中姫菜　橋本莉奈　川島理　庄司知世　谷中卓

Productive Group
Staff　藤田浩芳　千葉正幸　原典宏　林秀樹　三谷祐一　大竹朝子
堀部直人　林拓馬　塔下太朗　松石悠　木下智尋　渡辺基志

E-Business Group
Staff　松原史与志　中澤泰宏　西川なつか　伊東佑真　牧野類

Global & Public Relations Group
Staff　郭迪　田中亜紀　杉田彰子　倉田華　李瑋玲　連苑如

Operations & Accounting Group
Staff　山中麻吏　小関勝則　奥田千晶　小田木もも　池田望　福永友紀

Assistant Staff
俵敬子　町田加奈子　丸山香織　小林里美　井澤徳子　藤井多穂子
藤井かおり　葛目美枝子　伊藤香　常徳すみ　鈴木洋子　内山典子
石橋佐知子　伊藤由美　小川弘代　越野志絵良　小木曽礼丈　畑野衣見

Proofreader　株式会社鷗来堂
DTP　朝日メディアインターナショナル株式会社
Printing　シナノ印刷株式会社
Photo Credit　P36、P38 by Getty Images

ISBN978-4-7993-2243-7